5 4 3 2 1   27 26 25 24 23

ISBN 978-3-649-64443-9
© 2023 Coppenrath Verlag GmbH & Co. KG
Hafenweg 30, 48155 Münster, Germany
Illustrationen: Anne Mußenbrock
Grafische Gestaltung: Marlies Stolzenburg
Textsammlung: Manuela Hunfeld
Redaktion: Inga Biller und Carolin Willeke
Alle Rechte vorbehalten
Printed in Latvia

www.coppenrath.de

Lebe lieber leichter

COPPENRATH

Inhalt

Kein Leben ist so schwer,
dass du es nicht durch die Art,
wie du es nimmst,
leichter machen kannst.

ELLEN GLASGOW

Man müsste mal wieder

Man müsste mal wieder Quatsch machen,
man müsste mal wieder laut lachen,
man müsste mal wieder lustig pfeifen,
man müsste mal wieder nach den Sternen greifen.

Man müsste mal wieder einfach verreisen,
man müsste mal wieder auf alles werfen,
man müsste mal wieder spazieren gehen,
man müsste mal nicht immer nach dem Rechten sehn.

Man müsste ja manchmal einfach was wagen,
man müsste ja manchmal nicht alles ertragen,
man könnte ja manchmal sich selber pflegen,
mehr innen als außen, na meinetwegen.

Ich würd mal wieder gern tanzen im Regen,
ich würd mich mal wieder gern in eine Wiese legen,
ich würde mal wieder gerne Lieder singen,
ich würde mal wieder gern über Mauern springen.

Lass uns die Zeiger der Uhr anhalten
und lass uns heut einfach die Zeit ausschalten.

THOMAS KNODEL

Dann nehme ich es lieber leicht

Ich liebe Thailand. Die Landschaft, das Essen, die Massagen, die Mentalität und auch die Hitze. Aber bei knapp 80 Prozent Luftfeuchtigkeit ächzen heute selbst die Thais und funktionieren alles zum Fächer um, was halbwegs dazu taugt. Träge überlege ich, ob man es *Abkühlung* nennen kann, in ein 32 Grad warmes Meer zu steigen, und sehne mich nach einem richtig schönen deutschen Platzregen. Wo ist der Klimawandel, wenn man ihn braucht?

Gerade tritt eine Thaifamilie, die zu einer Hochzeitsgesellschaft gehört, in schönster Tracht auf die Terrasse. Während sie noch überlegen, wo sie sitzen wollen, haut ein Urlauber mit krebsrotem Rücken, den er trotzdem in die Sonne hält, die Flasche mit der Sojasauce auf den Tisch.

Irgendetwas scheint zu klemmen. In hohem Bogen fliegt plötzlich der Deckel ab, und ein Schwall schwarzer Sauce landet auf dem blütenweißen Sarong der schönen Thailänderin, die genau danebensteht. „Meine Güüüdeeee!", hallt es auf Sächsisch über die Terrasse. „Vohrflixt!" Der Mann macht sich auf, um die Sauce mit einer Serviette auf dem Rock der Thailänderin zu verteilen, aber sie lächelt nach der ersten Schrecksekunde, rückt die Frangipani-Blüte hinterm Ohr zurecht und sagt nur: „Mai pen rai!" – Macht nichts.

So ist das in Thailand. Egal, ob Sie ein Glas umwerfen, mit einem Tuk Tuk zusammenprallen oder Sojasauce über die Schwester der Braut kippen: „Mai pen rai" heißt landesweit das Mantra. Es ist nicht pure Höflichkeit, sondern eine echte Lebensformel, die ausdrückt: Egal, ob es etwas macht oder nicht, wir machen mal keinen Aufstand deshalb und entscheiden einfach, dass es uns nichts macht. „Mai pen rai, khaaaa!" In meine Welt übersetzt, bedeutet dieser Satz: „Dann nehme ich es lieber leicht."

Täglich kann man im Land des Lächelns erleben, dass es tatsächlich funktioniert, selbst zu bestimmen, ob und wann man sich wie fühlen will. Wir können uns aufregen oder es egal sein lassen. Es leicht oder schwer nehmen. Sie wissen schon: „Du hast immer die Wahl." Doch wo Satz 47 noch von uns verlangt, zwischen Alternativen abzuwägen, *welche Wahl* wir denn nun treffen wollen, brauchen Sie über „Dann nehme ich es lieber leicht" für den Rest Ihres Lebens nur ein Mal nachzudenken – jetzt. Der Satz drückt eine *grundsätzliche* Einstellung aus und damit eine Lebenshaltung, die da heißt: Ich will es *generell* lieber leichtnehmen. Viele treffen diese Vereinbarung mit sich selbst bloß nie. So ist es kein Wunder, wenn wir jedes Mal unruhig werden, wenn der Plan, den wir für unser Leben hatten, gerade mal nicht aufgeht.

Auf ein Wort reduziert, bedeutet „Dann nehme ich es lieber leicht": *Gleichmut*. Im Buddhismus einer der vier *erhabenen Geisteszustände*. Güte, wohlwollende Freude und Mitgefühl sind die anderen drei. Die Frage ist immer: Welcher Energie will ich gerade Raum geben? Angst, Aufregung, Gleichmut, Freude? Wir dürfen selbst entscheiden.

„Das ist totaaal schwer! Ich komme nicht dazwischen, mein Kopf spinnt von selbst!", meint Marcus neulich im Telefon-Coaching. „*Alles* wirkt schwer, bevor du es kannst", sage ich und fühle mich ziemlich buddhamäßig – hätte ehrlicherweise aber auch von meiner Mutter stammen können. Denn das Mantra meiner Kindheit hieß: „Wenn du etwas nie übst, ist es logisch, dass du es nicht kannst. Lern es halt." Wo sie recht hat …

Ich erinnere mich, dass ich einmal mit meiner Mutter sieben lange Stunden auf einer aufgeklappten Boulevardzeitung vor dem Eiffelturm gesessen habe. Zwei Mal schon hatten wir die Fahrt nach oben verpasst. Nach endlosem Schlangestehen hieß es beim ersten Mal „Aufzug kaputt", beim zweiten Mal dann „Nous fermons" – wir schließen. Siegessicher starten wir den dritten Anlauf diesmal bereits am Vormittag und wundern uns über die kleine Völkerwanderung, in die wir plötzlich reingeraten. Wo die wohl alle hinwollen? Zum Eiffelturm, wie sich herausstellt. Heute ist Nationalfeiertag. Louis de Funes hätte jetzt einen Herzinfarkt bekommen.

Seit Stunden haben Pyrotechniker den Turm besetzt und Raketenladungen in den Eisenträgern installiert. „Genial faijawöörkee!", wirbt eine Familie mit Picknickkorb, als wir unschlüssig nach oben schauen. Am Ende braten wir tatsächlich den gesamten Sonntag in der Sonne, unterhalten uns, machen Spiele, beobachten Leute und lachen viel. Ob Gleichmut wohl vererbbar ist? Am Abend dann Gänsehauteffekt, als plötzlich Tausende aufspringen und mit der Hand auf dem Herz die Marseillaise mitsingen.

Und „genial" war für das anschließende Spektakel weit untertrieben, denn wir wurden mit dem schönsten Feuerwerk unseres Lebens belohnt. Merci.

Erlebnisse als Alltagstest zu sehen, macht generell vieles leichter, finde ich. Das Leben wird nun mal vorwärts gelebt und rückwärts verstanden. Wir wissen nie, was kommt. Daher einfach mal die nächste Welle nehmen, wenn es unsere Zeit erlaubt – das kann befreiend sein. Zulassen, sein lassen, loslassen ist ja meistens eine gute Idee. Denn Leichtigkeit hat nichts mit der Anzahl unserer Probleme zu tun. Leichtigkeit ist eine Frage der Entscheidung.
Es ist etwas passiert, das Ihnen nicht gefällt, das Sie verletzt oder zurückgeworfen hat? Das unfair oder fies war? Sie können es bewerten, jammern oder sich aufregen. Sie können auch einfach gar nicht reagieren, weil die Antwort bereits klar ist: Egal, was passiert, Sie nehmen es mal lieber leicht. „Wenn es deine innere Ruhe kostet, war der Preis zu hoch", habe ich mal gelesen, auch ein Gedanke, der uns erden kann. Er bringt uns sogar schnurstracks zurück zum ersten Kapitel. Wissen Sie noch? „Wer mich ärgert, bestimme immer noch ich", die deutsche Antwort aufs thailändische „Mai pen rai".

Lassen wir einfach nicht zu, dass uns kleine Dinge das große Glück verderben. Daher, wenn einmal Sojasauce auf Ihrer weißen Kleidung landet, einfach innehalten, ausatmen, einatmen und sich erinnern – an diesen speziellen Moment *jetzt*. Vielleicht echauffiert sich jemand neben Ihnen: „Regt dich das gar nicht auf? Was ist, wenn der Fleck nicht wieder rausgeht?" Dann können Sie sich entspannen, den Moment in Relation zu Ihrer gesamten Lebenszeit setzen und einfach sagen: „Och, dann nehme ich es lieber leicht."

Was Ihnen dieser Satz schenkt?

Entspannung. Selbstbestimmung.
Und ganz viel Leichtigkeit

KARIN KUSCHIK

17

Was uns glücklich macht

Jedes Mal, wenn Göntje, Freya und Ulrike zusammensaßen und diskutierten, landeten sie unweigerlich bei ihrem Lieblingsthema „Was ist Glück?". Sie tauschten die immer gleichen Meinungen, Vermutungen und Behauptungen aus, die sie schon Hunderte Male bestritten, bestätigt oder widerlegt hatten. Eigentlich war dem ausgelutschten Thema kein neuer Aspekt mehr abzugewinnen, und dennoch zog es sie magisch an, als ob sie das Glück, das noch keine von ihnen wirklich errungen zu haben glaubte, durch Worte herbeizaubern könnten.

„Glück ist immateriell, es kommt von innen, es hängt nicht davon ab, was du hast und wer du bist", vertrat Freya ihre Position, der Ulrike heftig widersprach. „Dich möchte ich mal sehen ohne all die Annehmlichkeiten, die dir dein Mann als erfolgreicher Unternehmer bietet. Todunglücklich wärst du, wenn du von Hartz IV leben müsstest."

„Woher willst du das wissen? Jeder ist seines Glückes Schmied, du hättest ja auch einen reichen Mann heiraten können. Aber abhängig bin ich ganz und gar nicht von solchen Äußerlichkeiten, auch wenn ihr mir das nicht glaubt", grollte sie, während sie nervös mit ihrem schweren Goldreif spielte. „Ich war vor meiner Ehe glücklicher als jetzt, weil ich weniger vom Eigentlichen abgelenkt worden wäre."

„Warum streiten wir uns eigentlich?", schaltete sich Göntje ein. „Ich kann euch verraten, was uns wirklich glücklich macht: kein Reichtum, keine Schokolade, auch nicht Yoga und Meditation, kein noch so spannendes Buch, nicht einmal eine neue Liebe, sondern …"

Die beiden anderen schauten verblüfft und riefen: „Sondern …?"

„Da soll erst mal einer drauf kommen. Das Glück liegt eben viel näher, als wir denken. Eine wissenschaftliche Studie hat das zweifelsfrei herausgefunden. Ich hab es an mir selbst ausprobiert und festgestellt: Es stimmt."

„Was denn nun?"

„Und es kostet nicht mal was. Das bisschen Seife kann man ja nicht rechnen", steigerte Göntje die Neugier der Freundinnen.

„Nun sag schon, oder möchtest du das Geheimnis des Glücks für dich behalten?"

„Hän-de-wa-schen", ließ Göntje endlich die Katze aus dem Sack und betonte jede Silbe des Zaubermittels. „Händewaschen macht glücklich, seht ihr, so einfach und billig ist Glück zu haben. Man muss nur drauf kommen. Probiert es aus. Kennt ihr nicht Situationen, in denen ihr euch total unsicher und unangenehm fühltet, weil es keine Gelegenheit gab, eure verschwitzten oder schmutzigen Hände zu waschen? Welche Wohltat, die Hände dann unter einen heißen Wasserstrahl zu halten und mit duftender Seife einzuschäumen."

„Da ist was dran", stimmte Freya zu. „Man besinnt sich ja erst immer auf das Wesentliche, wenn man es nicht zur Verfügung hat. Es gibt aber noch eine Steigerung. Wenn ich mir selbst die Hände wasche, schön und gut, aber da fehlt mir die soziale Komponente, wie sie in der Redewendung ,eine Hand wäscht die andere' zum Ausdruck kommt. Die gemeinsame Waschung gibt uns das Gefühl, etwas für einen anderen getan zu haben, so ein tiefes Gefühl der Befriedigung."

„So ganz überzeugt bin ich noch nicht", warf Ulrike ein. „Was ist es denn, was angeblich beim Händewaschen ein Glücksgefühl erzeugen soll? Weil es die Grippeviren vertreibt? Der angenehm warme Wasserstrahl auf unserer Haut? Die glitschige Seife, die uns an Kinderspiele im Matsch erinnert? Habt ihr denn nicht die ,Feuchtgebiete' gelesen? Wenn ich mich recht erinnere, ist es gerade der bewusste Verzicht auf Seife, der die Autorin glücklich macht."

„Glücklich?", warf Göntje ein. „Doch wohl eher reich. Aber im Ernst, wenn schon bloßes Händewaschen glücklich macht, warum dann nicht gleich ein Vollbad mit viel

Badeschaum und Duschgel? Ganz tief eintauchen ins vermeintliche Glück und nicht nur zaghaft nach einem kleinen Häppchen greifen …"

Ulrike und Freya mussten diese neue Idee erst einmal verdauen.

„Ich glaube", sagte Göntje nach langer Pause, „zu viel Glück macht eher unglücklich. Es muss eine Ahnung bleiben, dass man zwar auf dem richtigen Weg ist, aber es muss etwas sein, wovon wir träumen können. Deswegen nur die Hände. Ich finde solche freiwillige Bescheidung sehr weise."

„Also Leute, ich hab den ganzen Tag im stickigen Büro gesessen, ich hab den dringenden Wunsch …", rief Ulrike aus und erhob sich.

„… dir die Hände zu waschen?", fragten Göntje und Freya gleichzeitig.

„Nö, früh ins Bett zu gehen und lange, lange schlafen, am liebsten das ganze Wochenende durch bis Montagfrüh. Mich macht es am glücklichsten, wenn zwei Tage lang kein Wecker klingelt."

DIETHELM REINER KAMINSKI

Du musst das Leben nicht verstehen

Du musst das Leben nicht verstehen,
dann wird es werden wie ein Fest.
Und lass dir jeden Tag geschehen
so wie ein Kind im Weitergehen
von jedem Wehen
sich viele Blüten schenken lässt.

Sie aufzusammeln und zu sparen,
das kommt dem Kind nicht in den Sinn.
Es löst sie leise aus den Haaren,
drin sie so gern gefangen waren,
und hält den lieben jungen Jahren
nach neuen seine Hände hin.

RAINER MARIA RILKE

Glück ist, was wir täglich tun

In all den Jahren meiner Berufstätigkeit habe ich gelernt, dass wir uns zwar mit ganzer Kraft einsetzen sollen, unser Leben aber nicht in Arbeit völlig aufgehen darf. Immer wieder müssen wir unserem Alltag die nötige Balance geben. Und das in kleinen Schritten, die in den Arbeitsalltag eingebaut werden.

Denn glückliche Menschen verschieben ihr Leben nicht auf morgen, sondern sind hier und jetzt glücklich. Sie leben in dem Bewusstsein, dass jeder Tag ein wunderbares Geschenk Gottes ist, und sind dankbar dafür, ihn einigermaßen gesund erleben und bewältigen zu können. Sie versuchen, jeden Tag mit der Freude in Berührung zu kommen und ganz in der Gegenwart zu leben.

In der Bibel ist es vor allem das Buch des Prediger Salomos (Kohelet), das uns einlädt, uns des Lebens zu freuen und die Freude des Augenblicks zu genießen:

So habe ich eingesehen, dass der Mensch nichts Besseres tun kann, als den Ertrag seiner Arbeit zu genießen. Das hat Gott ihm zugeteilt. Wie sollte er sich auch freuen an dem, was erst nach ihm sein wird?
(Prediger 3,22)

Der Weisheitslehrer ist realistisch. Er weiß, dass letztlich alles vergänglich ist. Es hat alles seine Zeit, lachen und weinen, fröhlich sein und trauern, meint er. Aber solange Gott uns Tage voller Sonnenschein und Freude schenkt, sollen wir sie auch annehmen und dankbar genießen:

Darum iss dein Brot und trink deinen Wein und sei fröhlich dabei! So hat es Gott für die Menschen vorgesehen, und so gefällt es ihm. Nimm dein Leben als ein Fest: Trag immer frisch gewaschene Kleider und sprenge duftendes Öl auf dein Haar! Genieße jeden Tag mit der Frau, die du liebst, solange dieses flüchtige Leben dauert, das Gott dir geschenkt hat. Denn das ist der Lohn für die Mühsal dieses Lebens.
(Prediger Salomo 9,7-9)

Können wir das noch? Unser Leben als ein Fest zu sehen? Jeden Tag gemeinsam mit unserem Partner, unserer Familie, mit all den Menschen um uns herum genießen? Glück besteht nicht in einer Abfolge außerordentlicher Glücksmomente und Erlebnisse, die dann auch noch ständig gesteigert werden müssen, damit wir den nötigen „Kick" bekommen. Ein wesentlicher Schlüssel zum Glück ist vielmehr, das Hier und Heute genießen zu lernen, die vielen kleinen Freuden des Alltags zu entdecken und auch die schweren Dinge des Lebens mit einem gottvertrauenden Denken zu bewältigen.

Dazu müssen wir nicht unbedingt ganz andere Dinge tun als bisher, aber womöglich die Dinge anders tun. Sich auch im Alltag etwas mehr Zeit nehmen und achtsam wahrnehmen, was um uns herum geschieht: den Mitmenschen ein Lächeln schenken. Diejenigen loben, die etwas Positives geleistet haben. Anderen Menschen Zeit schenken, ihnen zuhören, sie aufmuntern mit einem freundlichen Wort. Wir machen damit andere glücklich. Und der Erfolg wiederum beflügelt auch uns, denn er fördert in unserem Gehirn die Produktion von Glückshormonen.

Ich probiere das seit einiger Zeit immer wieder einmal aus: Wenn ich die Straße zum Medienhaus hinuntergehe, grüße ich alle, denen ich unterwegs begegne. Das ist in Ostwestfalen gar nicht so einfach. Denn einige Mitmenschen hier sind etwas „verdruckt" und schauen bei einer Begegnung konsequent in eine andere Richtung. Aber man muss Geduld haben. Spätestens nach dem dritten Gruß kommt ein kurzes „Tach" als Erwiderung. Mit einem der zahlreichen Hundebesitzer, die ich jeden Morgen treffe, wechsele ich inzwischen schon ein „Guten Morgen" und mehrere vollständige Sätze, gelegentlich schenkt er mir sogar ein freundliches Gesicht.

Auch der etwas muffige Schalterangestellte lächelt tatsächlich ein wenig zurück, als ich ihn fröhlich grüße und höflich um eine Auskunft bitte, die seine Kompetenz unterstreicht. Das Gesicht der etwas überforderten Serviererin hellt sich auf, als ich den leckeren Kuchen lobe, und es strahlt, als ich mich für den guten Service mit einem etwas höheren Trinkgeld bedanke. Die Floristin freut sich ebenfalls, dass ich ihr Blumenarrangement so gelungen finde. Und so geht es weiter und weiter.

Und das alles nur, weil ich ein wenig achtsamer und aufmerksamer meine Umwelt wahrnehme, hier und da grüße, ein Lächeln verschenke und ein paar Sätze plaudere. So bewahrheitet sich eine asiatische Weisheit, die ich einmal irgendwo gelesen habe:

„Sei achtsam und aufmerksam auf die Menschen neben dir. Schenke ihnen dein Lächeln, und sie werden aufblühen wie eine Blume.“

Da ich durch meine vielfältigen beruflichen Aufgaben oft sehr unter Druck stehe, musste ich es erst wieder lernen, gelegentlich einen Gang runterzuschalten und den großen Wert der Langsamkeit wieder zu entdecken. Vor allem in der Freizeit und am Wochenende versuche ich inzwischen gemeinsam mit meiner Frau, eine alternative Zeit-Kultur zu entwickeln. Ich habe festgestellt, dass die so viel gepriesene Entschleunigung, die „Entdeckung der Langsamkeit", tatsächlich mehr Lebensqualität schenkt.

Versuchen Sie es doch auch einmal: Überlassen Sie sich an einem freien Tag ganz der Zeit. Legen Sie morgens keine Uhr an. Hören Sie nicht die Nachrichten. Telefonieren Sie nicht, checken Sie keine E-Mails und verschicken Sie keine SMS.

Tun Sie einfach Dinge, zu denen Sie während der Arbeitswoche wenig Gelegenheit haben. Lesen Sie ein bisschen – das führt Sie zu innerer Ruhe –, hören Sie etwas Musik. Dehnen Sie das Frühstück mit der Familie länger aus, plaudern, spielen, dösen Sie. Leben Sie in dem Gefühl, heute nichts erledigen, nichts besorgen, nichts Besonderes leisten zu müssen. So langsam und gemächlich angegangen, wird dieser Tag mit Sicherheit ein ganz außergewöhnlicher, wunderschöner Tag.

„Glück ist, was du täglich tust" hat Alan Epstein einmal als Titel über ein Buch geschrieben. Darin hat er 365 gute Ideen für Lebensfreude und Glücklichsein aufgeschrieben. (Alan Epstein: Glück ist, was du täglich tust. Scherz Verlag München 1994) Einige von ihnen habe ich ausprobiert, sie funktionieren wirklich gut. Der Autor regt vor allem dazu an, an manchen Tagen etwas ganz anders zu machen als sonst, um eine neue Perspektive zu bekommen. Oder gelegentlich auch etwas ganz Außergewöhnliches zu unternehmen: im Regen spazieren gehen zum Beispiel. Zu einem Abendessen mit Kerzenschein einladen. Oder sich auf eine Schaukel setzen und beobachten, wie der Mond am Himmel aufgeht. Früher habe ich nur einmal im Jahr einen längeren Urlaub gemacht. Heute gönne ich mir nach anstrengenden Wochen immer wieder einmal einen freien Tag zur Regeneration, arbeite im Garten oder laufe durch den Wald. Nehmen Sie sich doch auch einmal zwischendurch frei. Verplanen Sie diesen Tag aber nicht von vorneherein. Genießen Sie einmal das große Vergnügen, sich so richtig Zeit lassen zu können.

Unternehmen Sie an diesem Tag einmal etwas, das Sie sonst selten tun: Gehen Sie zum Beispiel ganz langsam durch einen Park. Setzen Sie sich in ein Café, genießen Sie die Sonne – und ein schönes Stück Kuchen. Lesen Sie dabei in aller Ruhe eine Zeitung oder schauen Sie den Leuten auf der Straße zu.

Oder: Kaufen Sie sich etwas Schönes, ein farbenfrohes Kleid oder einen bunten Hut und spazieren damit langsam durch die Fußgängerzone!

Gehen Sie allein oder mit Ihrem Mann oder Ihrer Freundin in einem guten Restaurant essen! Lassen Sie sich für dieses Essen mindestens zwei Stunden Zeit! Beginnen Sie ein Gespräch mit jemandem, der am Nachbartisch sitzt. Hören Sie aufmerksam zu. Oder: Schauen Sie im Park den Vögeln zu. Hören Sie auf die verschiedenen Stimmen. Beobachten Sie die Vögel ganz genau. Wie sie im Wind schweben oder von Ast zu Ast hüpfen.

Auf jeden Fall: Durchbrechen Sie die Routine Ihres bisherigen Alltags. Gehen Sie einmal andere Wege. Denn das Gehirn hasst nichts so sehr wie Routine. Wenn Sie dagegen Abwechslung in Ihr Leben bringen, regen Sie Ihr Denkorgan an. Nehmen Sie daher zum Beispiel einmal einen anderen Weg zur Arbeit. Setzen Sie sich am Frühstücks- oder Konferenztisch oder in der Gemeindegruppe auf einen anderen Platz. Oder beschäftigen Sie sich mit einem Thema, für das Sie sich bisher noch nicht interessiert haben. Nur was neu ist, regt zu neuen Ideen an.

Besuchen Sie beispielsweise eine Ausstellung oder eine Ihnen unbekannte nahe gelegene Stadt. Gehen Sie langsam durch die Straßen, betrachten Sie die Menschen, die Häuser, die Auslagen. Wenn es Ihnen bisher gegen den Strich ging, einem Obdachlosen auch nur 50 Cent zu geben, springen Sie über Ihren Schatten und trennen Sie sich von zwei Euro. Setzen Sie sich mitten auf dem Marktplatz auf eine Bank.

Vielleicht unterziehen Sie sich auch selbst einmal einer gründlichen Veränderung. Beginnen Sie zum Beispiel einmal mit einem neuen Haarschnitt. Entscheiden Sie sich für eine neue Frisur. Legen Sie sich ein Beet im Garten an oder kaufen Sie eine schöne Rose, die Sie vors Haus pflanzen. Sie werden sehen, dass Ihnen solche Aktivitäten wieder neuen Schwung und Energie geben. Sollten Sie Hüte oder einen farbenfrohen Schal ablehnen, kaufen Sie sich trotzdem einen und tragen Sie das neue Stück, als hätten Sie es schon immer besessen. Das Leben ist viel aufregender, wenn wir hie und da von der „Norm" abweichen.

Oder etwas anderes: Rufen Sie Freunde und Bekannte an, mit denen Sie schon lange einmal wieder reden wollten. Sagen Sie ihnen, Sie hätten gerade an sie gedacht. Gratulieren Sie zum Geburtstag oder, am Jahresbeginn, wünschen Sie ihnen ein glückliches neues Jahr.

Laden Sie Freunde oder Nachbarn zu sich nach Hause ein. Kochen Sie gemeinsam mit ihnen und schmücken Sie die Tafel mit Blumen und Kerzen.

Es gibt noch viel mehr Möglichkeiten, Glanz und Freude in den Alltag zu bringen. Freude ist wie ein lebendiger Strom, der die in uns blockierten Energien wieder zum Fließen bringt. Durch solche kleinen Glücksmomente, die wir in den Alltag einbauen, wächst unsere Zufriedenheit. Durch die Verlangsamung unseres Tuns erleben wir alles viel intensiver. Uns wird bewusst, ein wie großes Geschenk unser Leben ist.

Ich habe es selber in der Hand, mit der Freude wieder mehr in Berührung zu kommen, die immer schon auf dem Grund unseres Herzens bereitliegt. Wir müssen sie nur wecken, um ein erfülltes, zufriedenes Leben zu führen. Die Psychologin Verena Kast hat einmal angeregt, eine Freudenbiographie zu schreiben, all die Erfahrungen von Freude festzuhalten, die einem einfallen. Auch die Bilder aus der Kindheit und Jugend daraufhin anzuschauen, inwieweit sie Freude widerspiegeln.

Man kann das auch jeden Abend kurz einmal tun. Den Tag Revue passieren lassen: Wo habe ich etwas Erfreuliches erlebt? Was war schön? Wofür kann ich dankbar sein? Schreiben Sie das auf – und Sie werden am Ende des Jahres eine Menge vieler kleiner Glücksmomente beisammen haben, an die Sie sich gern erinnern. Friedrich Hölderlin sagt:

Wie mit den Lebenszeiten, so ist es auch mit den Tagen.
Keiner ist ganz schön, und jeder hat, wo nicht seine Plage, so doch seine Unvollkommenheit.
Aber rechne sie zusammen, so kommt eine Summe Freude und Leben heraus.

WOLFGANG RIEWE

Jeder angenehme Augenblick
hat Wert für mich –
Glückseligkeit besteht nur
in Augenblicken.
Ich wurde glücklich,
da ich das lernte.

CAROLINE SCHELLING

Wenn Träume wahr werden

Gewisse Leute machen mich nervös. Dazu gehören Weltenbummler, frisch verliebte Damen in meinem Alter und Paare, die aufs Land ziehen. Es erfüllt mich mit Wehmut, Unruhe und bittersüßem Neid, wenn andere sich meine Sehnsüchte erfüllen. Wenn sie tun, wovon ich nur träume.

Meine Freundin Martha ist gerade zwei Monate durch Indien gereist. Eine Stunde lang erzählte sie von Abenteuern und Unvergesslichem. Als sie schließlich fragte: „Und, wie ist es dir in der Zwischenzeit ergangen?", hörte ich mich kleinlaut sagen: „Ich bin immer noch auf der Suche nach einem Ecksofa."

Meine Freundin Anne blüht gerade an der Seite eines neuen Mannes auf: „Er ist zu dick, tätowiert, unangenehm ehrlich und ein Sexgott. Die Leute zerreißen sich die Mäuler über uns – aber nach zwölf Jahren Eheroutine bin ich endlich wieder am Leben!" Anstandshalber fragt sie noch: „Und wie läuft's bei euch?" Ich antworte: „Wir waren neulich endlich mal wieder zusammen essen – bis nach Mitternacht! War echt super."

Meine ehemalige Nachbarin Suse ist mit ihrer Familie aufs Dorf gezogen und hat eine Reitschule eröffnet.

„Wenn meine Kinder morgens über die Pferdekoppel Richtung Schule gehen oder ich die Äpfel aus meinem Garten einkoche, weiß ich, was mir immer gefehlt hat. Und bei dir? Gibt's was Neues?" Ich berichte ohne rechte Emphase, dass im Haus nebenan das Dachgeschoss ausgebaut wird. Mich zieht es nicht nach Indien, aber ich kann meinen Mann sehr gut leiden. Gut, gegen einen tätowierten Sexgott spricht nicht viel. Aber in wenigen Jahren wirst du auch mit ihm nach einem Ecksofa Ausschau halten, bei dem der Kuschelfaktor im Vordergrund steht. Die Lust aufs Landleben wäre für mich in dem Moment vorbei, in dem ich abends dieses unstillbare Verlangen nach Schokoriegeln hätte, die nächste Nacht-Tankstelle jedoch 23 Kilometer entfernt wäre. Wer will denn wirklich im Morgengrauen aufstehen, um Kühe zu melken? Der Moderator und Autor Dieter Moor wurde nebenberuflich Bauer. Und? Er lässt sich entschuldigen. Für ein kurzes Telefonat zum Thema „Entschleunigung: Die Ruhe auf dem Land" habe er erst in dreieinhalb Monaten Zeit.

Aus gelebten Träumen wird Alltag.
Unausweichlich, früher oder später.

Und ich frage mich: Was fehlt mir? Welche Sehnsüchte faulen unausgelebt in meiner Seele? Was sollte ich an meinem Leben ändern? Welche Träume muss ich mir erfüllen, von welchen muss ich weiterträumen?
Der Hamburger Trendforscher Professor Peter Wipper-

mann beruhigt mich ein wenig. Er sagt: „Sehnsüchte und Träume sind wichtig, denn sie sorgen für Kompensation und Entspannung. Man muss sie gar nicht erfüllen. Die Medien leben von Sehnsüchten. Menschen lesen Autozeitschriften, Reiseführer oder Magazine übers Landleben, um auf diese Weise Kurzurlaub vom Alltag zu machen. Großstädter fahren Geländewagen und tragen Gummistiefel. Das ist nicht rational, aber es beschert ihnen das kleine Landhaus-Feeling für zu Hause. Die Exotik der Nähe ist zurzeit sehr angesagt."

Der moderne Eskapismus führt uns in üppige Bauerngärten und auf urige Landhöfe. Bei „Bauer sucht Frau" kann man ergriffen zuschauen, wie sich zwei Träume gleichzeitig erfüllen: neuer Mann in naturnaher Umgebung. Mir fällt gerade auf, dass vieles von dem, was ich heute für ganz selbstverständlich halte, wahr gewordene Sehnsüchte und erfüllte Träume sind. Das nennt man undankbar.

Mir fehlt wenig.

Eigentlich nur ein Ecksofa.

ILDIKÓ VON KÜRTHY

Das Glück ist ein Regenschirm

Unter Polizisten gibt es freundliche und nicht so freundliche und auch diesen einen, der fragte, als er Paola im Auto nachts um eins anhielt: „Na, wo kommen *wir* denn her?" Auf die Gegenfrage, was ihn das angehe, antwortete er, das sei nun mal interessant, wenn eine Frau nachts durch die Stadt fahre, um eine solche Uhrzeit. Ob sie morgen nichts zu arbeiten hätte?

Neulich wurde sie wieder von der Polizei gestoppt, bei Tageslicht – warum? Weil sie ihren Sicherheitsgurt zwar trug, aber nicht über die Schulter gelegt, sondern tiefer, über dem Bauch. Der Polizist belehrte sie über das korrekte Anlegen des Gurtes. Sie antwortete, er möge ihr sagen, was das koste, damit sie ihre gerechte Strafe rasch bezahlen könne, sie habe es eilig. Worauf der Beamte entgegnete, er wolle „für dieses Mal" vom Verwarnungsgeld absehen. Ob sie es aber eilig habe, sei nicht von Belang; auf eine Polizeikontrolle müsse sie jederzeit gefasst sein, das habe sie in ihre Zeitplanung einzubeziehen.

Das macht sie seitdem. Fährt immer zehn Minuten früher los zu allen Verabredungen, in Erwartung von Polizeikontrollen. Wobei es seither keine mehr gegeben hat. Es ist wie mit dem Regenschirm, wenn man ihn dabei hat …

Da fällt mir ein: Die meisten von uns kalkulieren in ihre Lebensplanung die aberwitzigsten Missgeschicke ein. Wir versichern uns gegen Flut, Brand, langes Siechtum. Wir rechnen mit dem Schlimmsten, der Schweinegrippe in übelster Form, der Klimakatastrophe in globaler Niedertracht. Doch sind wir gewappnet, wenn uns plötzlich *das Glück* ereilt? Ich meine, nicht ein Lottogewinn, dessen Folgen jeder schon für sich durchgespielt hat, selbst wenn er nicht Lotto spielt. Sondern das unverhoffte, in jeder Beziehung unerwartete, nicht mal erwart*bare* Glück …

In der Zeitung las ich die Geschichte von Leo Gao und Kara Young, die in Neuseeland eine Tankstelle betrieben, und zwar so erfolglos, dass sie ihre Bank um einen Überziehungskredit bitten mussten: 100.000 neuseeländische Dollar. Als sie wenig später ihre Kontoauszüge betrachteten, sahen sie ein Guthaben von zehn Millionen neuseeländischer Dollar, ungefähr 4,5 Millionen Euro. Ein Bankangestellter (inzwischen traumatisiert in Behandlung) hatte sich um einige Nullen vertippt.

Was taten Leo und Kara? Sie verschwanden auf der Stelle aus Neuseeland, unter Mitnahme einiger Millionen in bar und nicht ohne einen sehr erheblichen Betrag auf ein „Offshore-Konto" überwiesen zu haben.

Hier setzen meine Überlegungen ein: Wenn auf meinem Konto unverhofft Millionen eintrudelten – wäre ich gewappnet? Könnte ich binnen 24 Stunden meine bürgerliche Existenz auflösen, mich ins Ausland begeben, um das unverdiente, aber nun mal vorhandene Geld zu verbraten?

Habe ich ein Offshore-Konto? Bin ich mental gerüstet für eine solche Umwälzung meiner Lebensverhältnisse?

Es klafft eine Lücke in der Lebensplanung. Wir sind nur fürs Negative gerüstet; nicht aber fürs Gute. Für den plötzlichen Anruf von Quentin Tarantino: Ich habe Sie auf der Straße gesehen, Ihr Gesicht ist unentbehrlich für meinen nächsten Film, wir drehen in zwei Wochen vier Monate lang in New York, Sie werden in jeder Szene zu sehen sein, packen Sie *jetzt* den Koffer. Für den Satz des Arztes nach dem Routine-Check: Sie sind nicht nur kerngesund, Sie sind unsterblich. (Zahlt eigentlich die Rentenversicherung für Unsterbliche?) Für den Anruf des Literatur-Nobelpreis-Komitees, mit einem herzlichen Glückwunsch. (Bitte, es sind schon sooo viele uninteressante und langweilige Autoren ausgezeichnet worden, da käme es auf *mich* auch nicht mehr an.)

Beschlussvorschlag: Wir alle werden ab heute, Freitag (sagen wir: um Mitternacht), andere Menschen sein. Wir werden das Beste vom Leben erwarten. Und bitten alle unsere Banken um einen Überziehungskredit, in der Hoffnung auf einen geringfügigen Irrtum … Einer von uns wird schon Glück haben. Und er wird gewappnet sein.

Übrigens habe ich eine kleine Sammlung von Zeitungsfotos, irgendwann mal ausgeschnitten, die mir besonders wichtig sind. Darunter ist das Bild eines Mannes, der auf einer riesigen Müllhalde steht und den gesamten Müll umgräbt, nicht auf Matratzensuche, sondern nach einem Lottoschein fahndend. Der Schein hatte gewonnen, umgerechnet 880.000 Euro. Bloß leider hatte der Mann ihn versehentlich weggeworfen. Ist das nicht ein Sinnbild unserer gesamten menschlichen Existenz? Suchen wir nicht alle immer wieder im Müll des Alltags nach dem Glück? Und oft vergeblich?

AXEL HACKE

Ich wünsche dir Zeit

Ich wünsche dir nicht alle möglichen Gaben.
Ich wünsche dir nur, was die meisten nicht haben:
Ich wünsche dir Zeit, dich zu freun und zu lachen,
und wenn du sie nützt, kannst du etwas draus machen.

Ich wünsche dir Zeit für dein Tun und dein Denken,
nicht nur für dich selbst, sondern auch zum Verschenken.
Ich wünsche dir Zeit – nicht zum Hasten und Rennen,
sondern die Zeit zum Zufriedenseinkönnen.

Ich wünsche dir Zeit – nicht nur so zum Vertreiben.
Ich wünsche, sie möge dir übrig bleiben
als Zeit für das Staunen und Zeit für Vertraun,
anstatt nach der Zeit auf der Uhr nur zu schaun.

Ich wünsche dir Zeit, nach den Sternen zu greifen,
und Zeit, um zu wachsen, das heißt, um zu reifen.
Ich wünsche dir Zeit, neu zu hoffen, zu lieben.
Es hat keinen Sinn, diese Zeit zu verschieben.

Ich wünsche dir Zeit, zu dir selber zu finden,
jeden Tag, jede Stunde als Glück zu empfinden.
Ich wünsche dir Zeit, auch um Schuld zu vergeben.
Ich wünsche dir: Zeit zu haben zum Leben!

ELLI MICHLER

Das Zwei-Finger-Lächeln

Lob spart uns Geld, bereichert unsere Beziehungen und schafft Freude. Wir sollten damit viel großzügiger umgehen.

Am schwersten ist es, sich selbst zu loben. Ich wurde mit dem Spruch erzogen, dass Eigenlob stinkt. Das ist nicht der Fall. Es verbreitet einen wunderbaren Duft, der allen zugutekommt. Wenn wir unsere guten Eigenschaften loben, fordern wir uns auf positive Weise heraus.

Während meiner Lehrzeit gab mir mein erster Meditationslehrer einen nützlichen Rat. Er leitete ihn mit der Frage ein, was ich denn am Morgen nach dem Aufstehen als Erstes täte.

„Ich gehe ins Badezimmer", antwortete ich.

„Gibt es einen Spiegel in deinem Badezimmer?", erkundigte er sich.

„Natürlich."

„Gut", fuhr er fort. „Jetzt möchte ich, dass du jeden Morgen noch vor dem Zähneputzen in diesen Spiegel schaust und dich anlächelst."

„Sir!", protestierte ich. „Ich bin ein Schüler! Manchmal komme ich erst sehr spät ins Bett und fühle mich am Morgen nicht gerade taufrisch. Ehrlich gesagt hätte ich an manchen Tagen Angst, mich frühmorgens im Spiegel zu betrachten, geschweige denn, mich gar anzulächeln!"

Er schmunzelte, sah mir tief in die Augen und sagte: „Wenn du ein natürliches Lächeln nicht zustande bringen solltest, dann lege jeweils einen Zeigefinger an deine beiden Mundwinkel und zieh den Mund hoch. Genau so."

Und dann führte er es mir vor.

Er sah lächerlich aus. Ich kicherte. Dann befahl er mir, es ihm nachzutun. Natürlich folgte ich der Aufforderung.

Am nächsten Morgen schleppte ich mich mühsam aus dem Bett und schwankte müde zum Badezimmer. Ich betrachtete mich im Spiegel.

„Brrr ..." Wahrlich kein schöner Anblick. Nichts, was ein natürliches Lächeln hervorrufen würde. Also hob ich die Zeigefinger, legte jeden in einen Mundwinkel und schob sie hoch. Da sah ich diesen dummen jungen Mönch, der dem Spiegel ein blödes Gesicht zeigte, und musste ganz unwillkürlich grinsen. Und ich sah, dass mich der Mönch im Spiegel ganz natürlich anlächelte. Also lächelte ich weiter. Der Mann im Spiegel lächelte noch mehr, und nach wenigen Sekunden lachten wir einander regelrecht an.

Zwei Jahre lang machte ich jeden Morgen diese Übung. Und an jedem Morgen, ganz gleich, wie ich mich nach dem Aufwachen fühlte, stand ich da und lachte mich im Spiegel an. Oft unter Zuhilfenahme der beiden Finger.

Heutzutage wird behauptet, dass ich sehr viel lächle. Vielleicht sind ja die Muskeln meiner Mundwinkel in dieser Position stecken geblieben.

Den Zwei-Finger-Trick können wir zu jeder Tageszeit anwenden. Er ist vor allem dann hilfreich, wenn wir uns unwohl fühlen, total erledigt oder richtig deprimiert sind. Es ist bewiesen, dass Gelächter Endorphine in unsere Blutbahn entlässt, die unser Immunsystem stärken und uns Glücksgefühle verschaffen.

Diese kleine Bewegung hilft uns dabei, die 998 guten Backsteine in unserer Mauer zu sehen, nicht nur die beiden schlecht eingesetzten. Und Lachen macht uns schön. Schon deshalb nenne ich unseren Buddhisten-Tempel in Perth „Ajahn Brahms Schönheitssalon".

AJAHN BRAHM

Leben allein ist nicht genug.
Sonne, Freiheit und eine kleine Blume
braucht man auch.

HANS CHRISTIAN ANDERSEN

Besagter Lenz ist da

Es ist schon so. Der Frühling kommt in Gang.
Die Bäume räkeln sich. Die Fenster staunen.
Die Luft ist weich, als wäre sie aus Daunen.
Und alles andre ist nicht von Belang.

Nun brauchen alle Hunde eine Braut.
Und Pony Hütchen sagte mir, sie fände:
Die Sonne habe kleine warme Hände
und krabble ihr mit diesen auf der Haut.

Die Hausmannsleute stehen stolz vorm Haus.
Man sitzt schon wieder auf Caféterrassen
und friert nicht mehr und kann sich sehen lassen.
Wer kleine Kinder hat, der führt sie aus.

Sehr viele Fräuleins haben schwache Knie.
Und in den Adern rinnt's wie süße Sahne.
Am Himmel tanzen blanke Aeroplane.
Man ist vergnügt dabei. Und weiß nicht wie.

Man sollte wieder mal spazieren gehn.
Das Blau und Rot und Grün war ganz verblichen.
Der Lenz ist da! Die Welt wird frisch gestrichen!
Die Menschen lächeln, bis sie sich verstehn.

ERICH KÄSTNER

Geschenk einer Frühlingsstunde

Noch während unseres trockenen Frühlings, ehe die Regenfälle und die Reihe von Gewittertagen kamen, hielt ich mich öfters an einer Stelle meines Weinbergs auf, wo ich um diese Zeit auf einem Stück noch umgegrabenen Gartenbodens meine Feuerstelle habe.

Dort ist in der Weißdornhecke, die den Garten abschließt, seit Jahren eine Buche gewachsen, ein Sträuchlein, anfangs aus verflogenem Samen vom Walde her, mehrere Jahre hatte ich es nur vorläufig und etwas widerwillig stehen lassen, es tat mir nur um den Weißdorn leid, aber dann gedieh die kleine zähe Winterbuche so hübsch, dass ich sie endgültig annahm, und jetzt ist sie schon ein dickes Bäumchen und ist mir heute doppelt lieb, denn die mächtige Buche, mein Lieblingsbaum im ganzen benachbarten Wald, ist kürzlich geschlagen worden, schwer und gewaltig liegen drüben noch wie Säulentrommeln die Teile ihres zersägten Stammes. Ein Kind jener Buche ist wahrscheinlich mein Bäumchen.

Stets hat es mich gefreut und mir imponiert, mit welcher Zähigkeit meine kleine Buche ihre Blätter festhält. Wenn alles längst kahl ist, steht sie noch im Kleide ihrer welken Blätter, den Dezember, den Januar, den Februar hindurch, Sturm zerrt an ihr, Schnee fällt auf sie und tropft wieder von ihr ab, die dürren Blätter, anfangs dunkelbraun, werden immer heller, dünner, seidiger, aber der Baum entlässt sie nicht, sie müssen die jungen Knospen schützen. Irgend einmal dann in jedem Frühling, jedes Mal später, als man es erwartete, war eines Tages der Baum verändert, hatte das alte Laub verloren und statt seiner die feucht beflognen, zarten neuen Knospen aufgesetzt. Diesmal nun war ich Zeuge dieser Verwandlung. Es war, bald nachdem der Regen die Landschaft grün und frisch gemacht hatte, eine Stunde am Nachmittag, um die Mitte des April, noch hatte ich in diesem Jahr keinen Kuckuck gehört und keine Narzisse in der Wiese entdeckt. Vor wenigen Tagen noch war ich bei kräftigem Nordwind hier gestanden, fröstelnd und den Kragen hochgeschlagen, und hatte mit Bewunderung zugesehen, wie die Buche gleichmütig im zerrenden Winde stand und kaum ein Blättchen hingab; zäh und tapfer, hart und trotzig hielt sie ihr gebleichtes altes Laub zusammen. Und jetzt, heute, während ich bei sanfter windstiller Wärme bei meinem Feuer stand und Holz brach, sah ich es geschehen: es erhob sich nur ein leiser sanfter Windhauch, ein Atemzug nur, und zu Hunderten und Tausenden wehten die so lang gesparten Blätter dahin, lautlos, leicht, willig, müde ihrer Ausdauer, müde ihres Trotzes und ihrer Tapferkeit. Was fünf, sechs Monate festgehalten und Widerstand geleistet hatte, erlag in wenigen Minuten einem Nichts, einem Hauch, weil die Zeit gekommen, weil die bittere Ausdauer nicht mehr nötig war. Hinweg stob und flatterte es, lächelnd, reif, ohne Kampf. Das Windchen war viel zu schwach, um die so leicht und dünn gewordenen Blätter weit weg zu treiben, wie ein leiser Regen rieselten sie nieder und deckten Weg und Gras zu Füßen des Bäumchens, von dessen Knospen ein paar wenige schon aufgebrochen und grün geworden waren. Was hatte sich mir nun in diesem überraschenden und rührenden Schauspiel offenbart? War es der Tod, der leicht und willig vollzogne Tod des Winterlaubes? War es das Leben, die drängende und jubelnde Jugend der Knospen, die sich mit plötzlich erwachtem Willen Raum geschaffen hatte? War es traurig, war es erheiternd? War es eine Mahnung an mich, den Alten, mich auch flattern und fallen zu lassen, eine Mahnung daran, dass ich vielleicht Jungen und Stärkeren den Raum wegnahm? Oder war es eine Aufforderung, es zu halten wie das Buchenlaub, mich so lang und zäh auf den Beinen zu halten wie nur möglich, mich zu stemmen und zu wehren, weil dann, im rechten Augenblick, der Abschied leicht und heiter sein werde? Nein, es war, wie jede Schauung, ein Sichtbarwerden des

Großen und Ewigen, des Zusammenfalls der Gegensätze, ihres Zusammenschmelzens im Feuer der Wirklichkeit, es bedeutete nichts, mahnte zu nichts, vielmehr es bedeutete alles, es bedeutete das Geheimnis des Seins, und es war schön, war Glück, war Sinn, war Geschenk und Fund für den Schauenden, wie es ein Ohr voll Bach, ein Auge voll Cézanne ist. Diese Namen und Deutungen waren nicht das Erlebnis, sie kamen erst nachher, das Erlebnis selbst war nur Erscheinung. Wunder, Geheimnis, so schön wie ernst, so hold wie unerbittlich. –

Am selben Ort, bei der Weißdornhecke und nahe der Buche, nachdem inzwischen die Welt saftig grün geworden und am Ostersonntag der erste Kuckucksruf in unserem Walde erklungen war, an einem der laufeuchten, wechselvollen, windbewegten Gewittertage, die schon den Sprung vom Frühling in den Sommer vorbereiten, sprach in einem nicht minder gleichnishaften Augenerlebnis das große Geheimnis mich an. Am schwer bewölkten Himmel, der dennoch immer wieder grelle Sonnenblicke in das keimende Grün des Tales warf, fand großes Wolkentheater statt, der Wind schien von allen Seiten zugleich zu wehen, doch wog die Südnordrichtung vor. Unruhe und Leidenschaft erfüllten die Atmosphäre mit starken Spannungen. Und mitten im Schauspiel

stand, meinem Blick sich plötzlich aufdrängend, wiederum
ein Baum, ein junger schöner Baum, eine frisch belaubte
Pappel im Nachbargarten. Wie eine Rakete schoss sie em-
por, wehend, elastisch, mit spitzem Wipfel, in den kurzen
Windpausen straff geschlossen wie eine Zypresse, bei wach-
sendem Winde mit hundert dünnen, leicht auseinanderge-
kämmten Zweigen gestikulierend. Hin und her wiegte und
bäumte sich mit zart blitzendem Flüsterlaub der Wipfel des
herrlichen Baumes, seiner Kraft und grünen Jugend froh,
mit leise sprechendem Schwanken wie das Zünglein einer
Waage, jetzt wie im Neckspiel nachgebend, jetzt eigenwil-
lig zurückschnellend …

Mit Freude und furchtlos, ja mutwillig, überließ die Pappel Zweige und Laubgewand dem stark anschwellenden
feuchten Wind, und was sie in den Gewittertag hineinsang
und was sie mit spitzem Wipfel in den Himmel schrieb,
war schön, war vollkommen, war so heiter wie ernst, so
Tun wie Erleiden, so Spiel wie Schicksal, es enthielt wiederum alle Gegensätze und Gegensinne. Nicht der Wind war
Sieger und stark, weil er den Baum so zu schütteln und zu
biegen vermochte, nicht der Baum war Sieger und stark,
weil er aus jeder Beugung elastisch und triumphierend zu-
rückzuschnellen vermochte, es war das Spiel von beidem,
der Einklang von Bewegung und Ruhe, von himmlischen
und irdischen Mächten: der unendlich gebärdenreiche
Wipfeltanz im Sturm war nur noch ein Bild, nur noch
Offenbarung des Weltgeheimnisses, jenseits von Stark und
Schwach, von Gut und Böse, von Tun und Leiden. Ich las,

eine kleine Weile lang, eine kleine Ewigkeit lang, in ihm das sonst Verhüllte und Geheime rein und vollkommen dargestellt, reiner und vollkommener, als läse ich den Anaxagoras oder den Laotse. Und auch hier wieder schien es mir, als habe es, um dieses Bild zu schauen und diese Schrift zu lesen, nicht nur des Geschenkes einer Frühlingsstunde bedurft, sondern auch der Gänge und Irrgänge, Torheiten und Erfahrungen, Lüste und Leiden sehr vieler Jahre und Jahrzehnte, und ich empfand den lieben Pappelbaum, der mich mit dieser Schau beschenkte, durchaus als Knaben, als Unerfahrenen und Ahnungslosen. Ihn mussten noch viele Fröste und Schneefälle zermürben, noch manche Stürme rütteln, noch manche Blitze streifen und verletzen, bis vielleicht auch er des Schauens und des Horchens fähig und auf das große Geheimnis begierig sein würde. –

HERMANN HESSE

Frühling à la carte

Es war ein Tag im März.

Niemals sollten Sie eine Geschichte so beginnen, wenn Sie eine erzählen. Kein Anfang könnte überhaupt schlechter sein. Er ist einfallslos, flach, trocken und im Grunde nichts als leeres Gerede. Aber in diesem Fall ist er erlaubt. Denn der folgende Absatz, der die Erzählung hätte einleiten sollen, ist viel zu ausgefallen und grotesk, als dass er dem Leser unvorbereitet zugemutet werden könnte.

Sarah weinte über ihrer Speisekarte.

Stellen Sie sich ein Mädchen aus New York vor, das Tränen auf die Menükarte vergießt!

Um das zu erklären, könnten Sie vielleicht meinen, daß der Hummer ausgegangen wäre oder daß sie gelobt hätte, in der Fastenzeit kein Eis zu essen, oder daß sie Zwiebeln bestellt hätte oder daß sie gerade aus einer Theatermatinee gekommen wäre. Doch da alle diese Theorien falsch sind, werden Sie nun gestatten, daß die Geschichte weitergeht. Jener Herr, der die Welt eine Auster nannte, die er mit seinem Schwert öffnen würde, hat mehr Berühmtheit erlangt, als er verdiente. Es ist nicht schwer, eine Auster mit dem Schwert zu öffnen. Aber haben Sie einmal gesehen, wie jemand versucht, die Erdenmuschel mittels einer Schreibmaschine zu öffnen? Wollen Sie warten, bis ein rundes Dutzend auf diese Weise geöffnet wird?

Sarah war es gelungen, die Schalen mit ihrem unhandlichen Instrument so weit auseinanderzubringen, daß sie ein kleines bißchen von der feuchtkalten Welt darin naschen konnte. Sie hatte nicht mehr Ahnung von Kurzschrift als die Absolventin eines Stenografiekurses, die gerade von einer Handelsschule auf die Menschheit losgelassen worden ist. Da sie also keine Stenografie beherrschte, konnte sie nicht in die auserwählte Schar der Büroangestellten aufgenommen werden. Sie war eine freiberufliche Maschinenschreiberin, die sich um einzelne Abschreibeaufträge bemühen musste.

Der glänzendste und krönende Höhepunkt in Sarahs Kampf mit der Welt war der Handel mit Schulenbergs Familienrestaurant. Das Restaurant stand gleich neben dem alten roten Backsteinbau, in dem sie wohnte. Nachdem sie eines Abends für 40 Cent Schulenbergs Menü in fünf Gängen (die so schnell wie fünf Tennisbälle aufeinanderfolgten) verzehrt hatte, nahm sie die Speisekarte mit. Sie war in fast unleserlicher Schrift weder in deutsch noch in englisch abgefaßt und dergestalt angeordnet, daß man, wenn man nicht ganz genau hinsah, mit einem Zahnstocher und Reispudding begann und mit der Suppe und dem Wochentag aufhörte.

Am folgenden Tag präsentierte Sarah Schulenberg eine ordentliche Karte, auf der die Speisefolge fein säuberlich mit der Maschine eingesetzt war und die Gerichte einladend in den richtigen und zuständigen Sparten von „Hors d'œuvre" bis „Für Garderobe wird nicht gehaftet" fungierten.

Schulenberg wurde auf der Stelle ein echter Amerikaner. Als Sarah ihn verließ, hatte er mit ihr bereitwilligst ein Abkommen getroffen. Sie hatte getippte Speisekarten für die einundzwanzig Tische des Restaurants zu liefern – jeden Tag eine neue Karte für das Mittagessen und ebenfalls eine neue für Frühstück und Lunch, falls Änderungen eintraten oder die Reinlichkeit es verlangte.

Als Gegenleistung musste Schulenberg täglich durch einen besonders unterwürfigen Kellner drei Mahlzeiten auf Sarahs Zimmer bringen lassen und ihr jeden Nachmittag eine mit Bleistift geschriebene Aufstellung der Dinge, die das Schicksal für Schulenbergs Gäste am darauffolgenden Tag bereithielt, zukommen lassen.

Allgemeine Zufriedenheit war das Ergebnis dieser Übereinkunft. Schulenbergs Kunden wussten nun endlich, wie die Gerichte, die sie aßen, hießen, selbst wenn ihre Zusammensetzung ihnen manchmal Rätsel aufgab. Sarah andrerseits hatte während eines kalten, dunklen Winters genug zu essen, und das war für sie die Hauptsache.

Aber dann schwindelte der Kalender und behauptete, der

Frühling wäre gekommen. Der Frühling kommt, wann er kommt. Der gefrorene Schnee vom Januar lag noch immer beharrlich auf den Straßen der Stadt. Die Drehorgeln spielten noch immer ‚In der guten, alten Sommerszeit‘ so leidenschaftlich und gefühlvoll wie im Dezember. Die Männer notierten sich dreißig Tage im voraus, daß sie neue Ostersachen kaufen müßten. Die Hausmeister drehten den Dampf ab. Wenn all dies geschieht, weiß man, daß die Stadt noch immer in der Gewalt des Winters ist.

Eines Nachmittags schüttelte sich Sarah vor Kälte in ihrem eleganten Zimmer (‚Haus geheizt, äußerst gepflegt, aller Komfort, beste Empfehlungen‘). Sie hatte keine andere Arbeit als Schulenbergs Speisekarten. Sarah saß auf ihrem knarrenden Korbsessel und schaute zum Fenster hinaus. Der Kalender rief ihr unablässig zu: „Der Frühling ist da, Sarah, der Frühling ist da, ich sage es dir. Schau mich an, Sarah, meine Zahlen beweisen es. Und du hast allen Grund, zufrieden zu sein, denn du bist ebenso schön wie der Frühling. Warum blickst du nur so traurig aus dem Fenster?"

Sarahs Zimmer lag im rückwärtigen Teil des Hauses. Wenn sie zum Fenster hinausschaute, konnte sie die fensterlose hintere Ziegelwand der Kartonagenfabrik in der gegenüberliegenden Straße sehen. Aber für Sarah bestand die Mauer aus klarsten Kristallen, und sie erblickte einen grasbewachsenen Feldweg, den Kirschbäume und Ulmen beschatteten und Himbeersträucher und Cherokee-Rosen säumten.

Die wahren Vorboten des Frühlings sind zu zart für Auge und Ohr. Manche Leute verlangen blühenden Krokus, Hartriegelsträucher, die den Wald mit Sternen übersäen, den Gesang der Drossel, ja sogar so auffällige Zeichen wie den Abschiedsgruß der allmählich von den Speisekarten verschwindenden Buchweizenkuchen und Austern, ehe ihr träges Herz den Frühling willkommen heißen kann. Aber die liebsten Kinder der alten Erde empfangen unmittelbar süße Botschaften ihrer jüngsten Braut, die ihnen sagt, daß sie keine Stiefkinder zu sein brauchen, wenn sie es nicht wollen.

Im letzten Sommer war Sarah auf dem Land gewesen und hatte sich in einen Farmer verliebt.

(Wenn Sie eine Geschichte erzählen, sollten Sie nie so zurückgreifen. Das ist unkünstlerisch und lähmt das Interesse. Sorgen Sie dafür, daß die Erzählung immerzu voranschreitet.)

Sarah verlebte zwei Wochen auf der Sunnybrook-Farm. Dort verliebte sie sich in Walter, den Sohn des alten Farmers Franklin. Farmer wurden schon in kürzerer Zeit geliebt und geheiratet und wieder verlassen. Aber der junge Walter Franklin war ein moderner Landwirt. Er hatte ein Telefon in seinem Kuhstall, und er konnte sich genau ausrechnen, welchen Einfluß die kanadische Weizenernte des folgenden Jahres auf die bei Neumond gepflanzten Kartoffeln haben würde.

Auf diesem schattigen, himbeerbewachsenen Feldweg hatte Walter sie umworben und erobert. Und sie hatten beieinander gesessen und einen Löwenzahnkranz für ihr Haar geflochten. Er hatte begeistert den Kontrast zwischen den gelben Blüten und ihren braunen Locken gepriesen. Sie hatte das Kränzchen zurückgelassen und war, ihren Strohhut in der Hand schwingend, zum Haus zurückgewandert. Sie wollten im Frühjahr heiraten – bei den ersten Anzeichen des Frühlings, hatte Walter gesagt. Und Sarah war wieder in die Stadt zurückgekehrt, um ihre Schreibmaschine zu bearbeiten.

Ein Klopfen an der Tür verscheuchte Sarahs Visionen dieses glücklichen Tages. Ein Kellner brachte den Bleistiftentwurf der Speisekarte für den folgenden Tag, den der alte Schulenberg in seiner eckigen Handschrift verfaßt hatte.

Sarah setzte sich an ihre Schreibmaschine und steckte eine Karte zwischen die Walzen. Sie war eine flinke Arbeiterin. Im allgemeinen waren die einundzwanzig Speisekarten in anderthalb Stunden fix und fertig.

Heute enthielt die Karte mehr Änderungen als gewöhnlich. Die Suppen waren leichter, das Schweinefleisch war bei den Zwischengängen gestrichen und trat nur noch zusammen mit gelben Steckrüben unter den Hauptgerichten in Erscheinung. Der liebliche Geist des Frühlings durchwaltete die ganze Speisefolge. Das Lamm, das sich noch kürzlich auf den grünenden Hügeln getummelt hatte, wurde in Gemeinschaft mit der grünen Soße, die an seine früheren munteren Sprünge erinnerte, aufgetischt. Das Lied der Auster war zwar noch nicht verklungen, ertönte aber nur noch *diminuendo con amore*. Die Bratpfanne hatte sich offenbar untätig hinter die schürzenden Türen des Backrohrs zurückgezogen. Die Liste der Pasteten schwoll an, die schweren Puddings waren verschwunden, die Wurst in ihrer Hülle siechte zusammen mit den Buchweizenkuchen und dem süßen, aber dem Untergang geweihten Ahornsirup in angenehmen Todesahnungen dahin.

Sarahs Finger tanzten wie Mücken über einem sommerlichen Bach. Sie arbeitete sich durch die Spalten und ordnete jede Eintragung mit sicherem Augenmaß ihrer Länge entsprechend an. Genau über den Nachspeisen musste die Liste der Gemüse erscheinen. Karotten und Erbsen, Spargel auf Toast, die ewigen Tomaten und Mais und Eintopfgerichte und Limabohnen, der Kohl …

und dann …

Sarah weinte über ihrer Speisekarte. Tränen aus der Tiefe einer heiligen Verzweiflung stiegen in ihr auf und sammelten sich in ihren Augen. Ihr Kopf sank auf den kleinen Schreibmaschinentisch, und die Tasten klapperten eine trockene Begleitung zu ihren tränenfeuchten Seufzern.

Sie hatte nämlich seit zwei Wochen keinen Brief mehr von Walter erhalten, und der nächste Punkt auf der Speisekarte war Löwenzahn – Löwenzahn mit irgendeiner Eierspeise (aber zum Kuckuck mit den Eiern!) – Löwenzahn, mit dessen goldenen Blüten Walter seine Herzenskönigin und zukünftige Frau bekränzt hatte – Löwenzahn, der Bote des Frühlings, die Schmerzenskrone ihrer Schmerzen, Erinnerung an ihren glücklichsten Tag.

Gnädige Frau, ich gestatte Ihnen zu lächeln, wenn Sie diese Probe bestanden haben: Lassen Sie die Marschall-Niel-Rosen, die Ihnen Ihr Geliebter an dem Abend, an dem Sie ihm Ihr Herz schenkten, mitbrachte, als Salat mit französischer Soße an Schulenbergs Table d'hôte vor Ihren Augen anrichten. Wenn Julia hätte zusehen müssen, daß ihre Zeichen der Liebe auf diese Weise entehrt würden, dann hätte sie wohl noch früher bei den todbringenden Kräutern des guten Apothekers Zuflucht gesucht.

Aber was für ein Zauberer ist doch der Frühling! In die große, kalte Stadt aus Stein und Eisen musste er eine Botschaft senden, und niemand anders konnte sie überbringen als der kleine, zähe Bote des Feldes mit seinem rauhen, grünen Gewand und seinem bescheidenen Auftreten. Er ist ein wahrer Soldat des Glücks, dieser Löwenzahn. Wenn er blüht, ist er ein Helfershelfer der Liebe und bekränzt meiner Liebsten nußbraunes Haar, wenn er noch jung und zart und ohne Blüte ist, wandert er in den Kochtopf und verkündet so das Wort seiner hohen Herrin.

Nach und nach gelang es Sarah, ihre Tränen zurückzuhalten. Die Karten mussten geschrieben werden. Doch während ihr Löwenzahntraum noch leicht und golden in ihr nachglühte, spielte sie eine Weile zerstreut auf den Schreibmaschinentasten herum, und ihr Geist und ihr Herz weilten bei dem jungen Farmer auf dem Wiesenweg. Aber schnell kehrte sie wieder in die felsigen Straßenschluchten von Manhattan zurück, und die Schreibmaschine begann zu klappern und zu hüpfen wie das Auto eines Streikbrechers. Um sechs Uhr brachte ihr der Kellner das Essen und nahm die getippten Speisekarten mit. Beim Essen schob Sarah seufzend das Löwenzahngericht mit seiner krönenden Eierbeilage beiseite. Wie diese trübe Masse sich von einer strahlenden, liebebringenden Blume in ein ordinäres Gemüse verwandelt hatte, so waren auch ihre sommerlichen Hoffnungen verwelkt und vergangen. Die Liebe mag sich, wie Shakespeare behauptet, von sich selbst ernähren, doch Sarah brachte es nicht übers Herz, den Löwenzahn zu verzehren, der einst die Festtafel ihrer ersten großen Liebe geschmückt hatte.

Um 7,30 begann das Paar nebenan zu streiten, der Mann über ihr suchte das A auf seiner Flöte, das Gas ließ etwas nach, drei Kohlenwagen wurden entladen (das einzige Geräusch, auf welches das Grammophon eifersüchtig ist), die Katzen auf den Hinterzäunen verzogen sich langsam. An all diesen Zeichen merkte Sarah, daß ihre Lesestunde gekommen war. Sie holte ‚Das Kloster und der häusliche Herd', das beste unverkäufliche Buch des Monats, hervor, bettete die Füße auf den Koffer und begann ihre Wanderung mit Gerard.

Die Haustürglocke läutete. Die Wirtin öffnete. Sarah verließ Gerard und Denys, die gerade von einem Bären auf

einem Baum gefangengehalten wurden, und lauschte.
Ach, das würden Sie auch tun, genau wie sie! Und dann
erklang eine kräftige Stimme unten in der Diele. Sarah
stürzte zur Tür, wobei das Buch auf den Boden fiel und der
Bär mühelos die erste Runde gewann.

Sie haben es erraten. Sie erreichte den Anfang der Treppe,
als schon ihr Farmer heraufkam, drei Stufen auf einmal
nehmend, sie so stürmisch aberntete und in die Scheune
einbrachte, daß für die Ährenleser nichts mehr übrigblieb.
„Warum hast du nicht geschrieben, ach, warum nur?",
rief Sarah aus.

„New York ist eine ziemlich große Stadt", sagte Walter
Franklin. „Ich bin vor einer Woche hergekommen und
zu deiner alten Adresse gegangen. Ich erfuhr, daß du an
einem Donnerstag ausgezogen bist. Das war ein kleiner
Trost, denn so konnte wenigstens der Freitag kein Unglück
bringen. Aber das hat mich nicht davon abgehalten, seit
diesem Augenblick mit der Polizei und auch sonst nach
dir zu forschen."

Wiesenpflanze finden sollte, hatte die nachhaltige Erinnerung an ihre goldenen Blüten Sarahs Finger zu merkwürdigen Tastenanschlägen verführt.

Zwischen dem Rotkohl und den gefüllten grünen Paprikaschoten stand:

LIEBSTER WALTER MIT HARTGEKOCHTEN EIERN.

O. HENRY

Vom Finden eines Gartens

Die Annonce lese ich an einem Freitag im April. Ich weiß, ich werde anrufen, hinfahren, mir einen Eindruck verschaffen und dann gelassen Abstand nehmen. So mache ich es seit Jahren. Meist genügt es mir, dicht an etwas heranzugehen, um zu wissen, dass ich es nicht brauche. Übrigens nicht die schlechteste Methode, meine florale Sehnsucht in den Griff zu bekommen. Einen Grund, sich gegen den Kauf eines Gartens zu entscheiden, gab es bisher immer.

„Gut, also um zwei am Zeitungsladen im Bahnhof", sagt Frau K. „Ich hab 'ne rote Jacke an."

Ich wundere mich zwar, dass ich in einen Bahnhof kommen soll, um einen Garten anzusehen, aber es vergrößert durchaus meine Neugier.

Frau K. kommt, begrüßt mich und holt einen Schlüssel aus der Tasche. Über uns rauschen die S-Bahnen. Ich bin darauf gefasst, dass wir nun einen längeren Weg vor uns haben, um die Bahnhofshalle herum oder um Häuserblocks, und staune, als sie zielsicher auf eine eiserne Tür zugeht, die sich in der Wand zwischen einem Obststand und einer Telefonsäule befindet.

„Kommen Sie", ruft Frau K. und schließt auf. Ich mache zwei Schritte, die Tür fällt hinter uns zu, und ich werde verschluckt. Verschluckt vom Blattgrün, Krähengeschrei, Amselgesang, Blütenduft. Ich muss mich zwingen, nicht stehen zu bleiben und stattdessen der Frau zu folgen, die rasch auf dem schmalen Weg voranschreitet. Rechter Hand liegt zwar der Damm der S-Bahn. Aber hier ist das Paradies.

Vor dem vierten Garten bleibt sie stehen, wartet, bis ich heran bin und sagt: „So. Das ist er."

Ein Pfirsichbaum! Gleich neben dem Eingang! Seine schlanken, noch blattlosen Äste beugen sich weit über Gartentor und Zaun und sind betupft mit zartrosa Blüten. Auf der Wiese daneben zwei Riesen: uralte Kirschbäume. Ihre Rinde löst sich ab wie Papyrusrollen. Hellgrüne Flechten kriechen die Stämme hinauf. Kirschblüten schweben durch die Luft wie verspätete Schneeflocken. Eine Blaumeise wippt auf dem Zaun … „Sie müssen doch nicht draußen stehen bleiben", ruft Frau K. irgendwo aus den Tiefen des Grüns. „Kommen Sie doch rein!"

Vor dem Zaun Veilchen, ein lila Teppich. Hinter dem Zaun auch, auf den Beeten, auf dem Weg, überall! Andächtig betrete ich den Garten. Und dieser Gesang …

„Ist das wirklich eine Nachtigall?", frage ich.

„Eine? Wir haben drei in der Anlage!"

Der Weg führt durch ein Meer von Tulpen. Lila, Gelb und knalliges Zinnober. Welch ein Duft! Einige Narzissen blühen noch, andere haben schon dicke Samenstände angesetzt. Hyazinthen, Schlüsselblumen, Kaiserkronen. Mitten auf dem Beet schwenkt eine goldgelbe Taglilie ihre schlanken Blätter, gleich daneben eine dunkelblau gefleckte Iris. Dazwischen rollen Farne ihre kunstvollen Spiralen aus. Oh – im Farn wohnt ein Förster mit Hund und Laterne. Und zwei Rehe, ein stehendes und ein liegendes. Und ein von oben bis unten giftblauer Zwerg mit Schubkarre und ein ziemlich verblasster mit Sonnenblume samt Eichhörnchen im Arm. Irritiert wende ich mich einem Bäumchen zu, das mir seine herzförmigen Blätter und rosa Blüten entgegenstreckt. Frau K. scheint mein ratloses Gesicht zu bemerken und erklärt, dass es sich um eine Aprikose handelt. „Selbst gepflanzt! Vor sechs Jahren! Hat auch schon getragen."

Welch ein Garten! Bei der Vorstellung, dass es meiner sein könnte, macht mein Herz einen Freudensprung. S-Bahn-Bremsen quietschen. Ich drehe mich um und kann die Gesichter der Leute sehen, die in der Bahn sitzen. Das ist doch zu dicht! Bin ich dabei, in meinem Überschwang einen gewaltigen Fehler zu machen? Ich spreche die Nähe der Bahn an. „Das hat uns nie gestört", versichert Frau K., nimmt aber meine Bedenken ernst und ist damit einverstanden, mich für zwei Stunden im Garten allein zu lassen, damit ich einen Entschluss fassen kann.

„Dann bis nachher zum Kaffee", sagt sie. „Das Haus erklärt Ihnen dann mein Mann." Sie geht.

Ich schlendere die Wege entlang. Stelle mich unter die Kirschbäume. Wie soll ich in nur zwei Stunden eine so wichtige Entscheidung fällen! Ich halte meine Nase in einen roten Kelch mit schwarzem Stern. Dieses reine Rot. Das können nur Tulpen. Ich gehe ums Haus, schnuppere am Oregano, an der Pfefferminze, am Salbei. Sogar Koriander gibt es! Den kann ich fürs Brotbacken nehmen. Ich trage einen Stuhl in die Sonne, setze mich und schließe die Augen.

Das Haus ist ein kleines Steinhäuschen mit geteertem Flachdach und, soweit ich das beurteilen kann, trockenen Wänden. Mehrere niedrige Obstbäume gibt es, Birne und Sauerkirsche. Und einen charaktervollen alten Apfelbaum, rechts hinterm Haus, der mir sofort sympathisch ist. An seinem Fuß lehnt ein kniehoher Zwerg mit Spaten. Welche Menge Gartenzwerge diese Leute gesammelt haben! Überall stehen sie herum: im Erdbeerbeet, zwischen Rhabarberblättern, unter Stachelbeerbüschen. Einer im gelben Pullover lächelt mich so charmant an, dass ich unwillkürlich zurücklächeln muss. Zumindest so lange, bis mir einfällt, dass ich Gartenzwerge ja eigentlich nicht mag. Zwischen den Grashalmen sehe ich einem Regenwurm dabei zu, wie er ein abgefallenes Blatt langsam in den Boden zieht. Wenn das mein Garten wäre, könnte ich ein kleines Stück der Erde beschützen. Hier würde kein Gift ausgekippt. Hier würden keine Bäume gefällt. Hier könnte ich pflanzen, was ich wollte. Regenwürmer wären meine Brüder, sie würden mir die Erde umgraben. Ich müsste ihnen nichts dafür bezahlen. Den Tulpen auch nicht. Sie blühen kostenlos …

Als ich mich träumend auf dem Stuhl in der Frühlingssonne wiederfinde und feststelle, dass ich meinen Lieblingsplatz bereits gefunden habe, weiß ich: Die Entscheidung ist längst gefallen.

Hinter dem Zaun bemerke ich eine kniende ältere Dame vor einem Erdbeerbeet. Ich trete näher, stelle mich vor und sage, dass ich die Neue bin.

Sie betrachtet mich kritisch: „Seit wann?"

„Seit jetzt", entgegne ich. „In diesem Moment. Sagen Sie, ist das hier … sehr vereinsmäßig? Ein Meter zwanzig Heckenhöhe und das Gras immer fünf Zentimeter und so?"

„Nö", sagt sie, „wir sind ja nur vierzehn Gärten. Hier macht jeder, was er will."

Da kommen Herr und Frau K. Sie haben Kuchen und eine Thermoskanne mitgebracht. Er schließt das Haus auf, stellt einen runden Tisch davor und seine Frau schenkt Kaffee ein. Wo sind nur die zwei Stunden geblieben?

„Na?", fragt sie.

„Schön ist er", sage ich. „Wunderschön!"

Herr K. zeigt mir das Innere des Hauses und raunt mir den Preis zu mit der Bemerkung, ich könne es auch in Raten zahlen. Dann setzen wir uns auf die Terrasse, trinken Kaffee und krümeln zur Freude der Spatzen mit dem Kuchen.

„Wie lange haben Sie den Garten denn schon?", frage ich.

„Zwanzig Jahre", sagt Herr K.

„Einundzwanzig", korrigiert seine Frau. Ich sehe, dass sie traurig ist. „Aber wir schaffen das nicht mehr. Gesundheitlich, wissen Sie." Und während ich noch überlege, was ich darauf erwidern könnte, fährt sie fort: „Mein Mann hat Gartenzwerge gesammelt." „Oh, ja", stottere ich, „das ... habe ich schon bemerkt. Aber ... wollen Sie die nicht mitnehmen? Falls Sie noch Verwendung dafür ..."

„Für 'n Balkon, oder?", lacht Herr K. „Genau Gabi, wir stellen alle dreiunddreißig auf 'n Balkon, da brauchste nix mehr zu pflanzen!"

„Dreiunddreißig?", entfährt es mir. „Ich habe nur fünfzehn ..."

„Die andern sind eingewachsen", sagt er. „Die finden Sie schon noch." Er amüsiert sich. „Den Förster, vorn links, mit dem Hund, haben Sie den gesehen? Der leuchtet sogar. Ich zeig's Ihnen." Er geht ins Haus und steckt einen Stecker ein. Dann winkt er mir, ihm zu folgen. Wir stehen vor dem illuminierten Förster. „Nachts macht das natürlich viel mehr her!" Der Förster leuchtet abwechselnd an unterschiedlichen Körperstellen. Auch der Hund blinkt launisch an Augen, Schnauze und Schwanz. Jetzt blitzen bei beiden gleichzeitig die Augen. Ich denke, dass man dieses Arrangement gut für die Geisterbahn verwenden könnte, behalte diesen Gedanken aber für mich. Die Laterne des Försters, bei der ich es am ehesten vermutet hätte, die leuchtet nicht. Herr K. strahlt, als wäre er selbst der Förster. „Marke Eigenbau", schwärmt er. „Selbst entworfen, mit 'ner Weihnachtsbaumbeleuchtung!"

Ich nicke so anerkennend wie möglich.

„Und?", fragt er. „Haben Sie sich entschieden?"

Ich sage ja.

Da packt er meine Hand und schüttelt sie so kräftig, als wolle er sie abreißen. „Richtig! Gute Entscheidung! Sie werden es nicht bereuen! – Sie nimmt ihn!", ruft er seiner Frau zu. Sie lächelt. Wir setzen uns wieder an den Tisch, Frau K. gießt neuen Kaffee ein und ihr Mann schiebt mir den Vertrag rüber.

Ich unterschreibe.

Mir ist ganz feierlich zumute. Es ist der 12. April 2008.

Jetzt habe ich also einen Garten.

DORIS BEWERNITZ

Das Leben ist ein Wunder.
Es kommt über mich,
dass ich oftmals
die Augen schließen muss.

PAULA MODERSOHN-BECKER

Schönes, grünes, weiches Gras.
Drin liege ich.
Mitten zwischen Butterblumen!

Über mir,
warm,
der Himmel:
ein weites, zitterndes Weiß,
das mir die Augen langsam, ganz langsam
schließt.

Wehende Luft, … ein zartes Summen.

Nun bin ich fern
von jeder Welt,
ein sanftes Rot erfüllt mich ganz,
und deutlich spür ich,
wie die Sonne mir durchs Blut rinnt –
minutenlang.

Versunken Alles. Nur noch ich.

Selig.

ARNO HOLZ

73

Der Frühlingsgarten

Vor etwa einem Menschenalter stand am äußersten Rande der alten süddeutschen Universitätsstadt, in der ich mein erstes Studentensemester verlebt habe, ein einstöckiges, breit hingelagertes Landhaus von vornehmem, wenn auch etwas baufälligem Ansehen, in der Art eines Schlösschens aus dem achtzehnten Jahrhundert. Der kokett geschweifte Dachgiebel über dem Mittelgeschoss, in den die einzige Oberstube des sonst ebenerdigen Hauses eingebaut war, trug noch die Formen eines vereinfachten und ländlichen Rokokos. Dagegen zeigte der auf sechs glatten hölzernen Säulen ruhende Verandavorbau vor dem Mitteltrakt bereits ausgesprochene Empirebehandlung und mochte einem äußeren Bedürfnis zuliebe in der späteren Napoleonischen Zeit angefügt worden sein.

Der Überlieferung zufolge sollte der letzte Kurfürst aus der nachmals erloschenen Linie, die über Stadt und Land regiert hatte, das Schlösschen für eine seiner Mätressen erbaut und hier in ihren weißen Armen so manchen heiter lichten Frühlingsabend und manche schwüle Sommernacht verlebt haben. In der Tat sah man unter dem Verandasäulenbau dicht vor dem Hauseingang eine runde Porphyrfliese in den Boden eingelassen, die das kurfürstliche Wappen mit der Umschrift MON REPOS und der Jahreszahl AD 1773 trug.

Was aber das Schönste war an diesem einstigen kurfürstlichen Liebesheim: Es lag inmitten eines mächtigen, ganz verwilderten und verwachsenen Obst-, Blumen- und Baumgartens, der ursprünglich wohl ebenso wie das Haus selbst im französischen Geschmack angelegt gewesen war, denn es zeigten sich noch Reste von Wasserkünsten, schnurgeraden Gartenwegen und ausgearteten Taxushecken. Über dies alles aber waren die Mairegen und Juligluten, Novemberstürme und Märzenschnee eines vollen Jahrhunderts niedergegangen und hatten die zierlichen Blumenbeete fortgewaschen, die gezirkelten Boskets in wildes Gestrüpp verwandelt und die nackten Leiber der Marmorgöttinnen mit grünen Mänteln von Moos bedeckt. Die warme, weiche, südliche Natur hatte den feuchtüppigen Schoß dieses Bodens mit ihrem fruchtbaren Atem gesegnet. In unerschöpflicher Werdelust hatte sie keimen, wachsen, blühen, absterben und von Neuem verschwenderisch aufsprießen lassen, und die bürgerlich geschäftigen

Menschen, die hier nach dem wollüstigen Kurfürsten und der galanten Hofdame eingezogen und wieder verschwunden waren, hatten unbekümmert um den Geschmack eines vergangenen Geschlechts in die verfallenen Reste der alten Herrlichkeit hineingepflanzt und -gesät, -gewühlt, -gegraben, bis die einst so übersichtliche und regelmäßige Gartenanlage sich zu einer wuchernden und schier undurchdringlichen Wildnis zusammengeschlossen hatte.

Da standen hundertjährige Ulmen, Linden und Kastanien, breitästig und hochwipflig, in deren Zweigen viele Generationen von Amseln und Finken genistet und ihre Sehnsucht mit immer gleichem Wohllaut in den jungen Lenz hinausgeflötet und -geschluchzt hatten. Der Faulbaum war da, dessen weiße Dolden die ersten Maiennächte mit schwülem Hauch erfüllten, Goldregen, Weiß- und Rotdorn, die es ihm an betäubendem Duft gleichtaten, zarte Pfirsich- und Aprikosenstämmchen, ein Wald von Apfel-, Kirsch- und Birnbäumen, die, angetan mit ihrem weiß und rosa Blütenkleid, in der bleichen Dämmerung windstiller Aprilabende wie Geisterbäume dastanden. Da sah man Reben- und Obstspaliere, an den Mauern des Hauses hinauf und von Baum zu Baum in Mannshöhe entlang gezogen, dazwischen die langen Rücken der Gemüsebeete: Kohlköpfe, Salate, Küchenkräuter, hochumsponnene Bohnenstangen und niedrigeres Erbsengerank, ein blinkendes, schillerndes, gleißendes, saftgrünes, fettgraues, würziges Blattwerk. Einige Schritte weiter, und man trat über einen üppig weichen Rasenteppich, in den der Fuß versank, in die vornehme Zurückgezogenheit hochstämmiger Rosenstöcke, leidenschaftlich duftender Nelkenbeete und schmachtender Gruppen von Narzissen und Feuerlilien. Aber als ob die neugierige und anmaßende Zudringlichkeit des weit und breit wuchernden Volkes von Nutzpflanzen und Küchenkräutern selbst vor diesem aristokratischen Quartier hochmütig und zwecklos blühender Schönheit nicht haltmachen wolle, so mischten sich zwischen die abgeschlossenen Zirkel der Rosen, Päonien und Narzissen auch hier wieder einzelne Obstbäume von zwangloser Behäbigkeit, verwachsene Himbeer- und Stachelbeersträucher, winzige Beete kriechender Gartenerdbeeren und das Emporkömmlingsgeschlecht kletternder Rebengewinde.

Ringsherum aber um diese Welt von Fruchtbarkeit und Wachstum, geilen Sprießens und hochmütigen Blühens, verwitterter Marmornymphen und zartgrüner Salatköpfe mit dem inmitten eingebetteten Rokokoschlösschen, ringsherum um dies alles zog sich eine dicke, weiße, mannshohe Steinmauer, innen überragt von einer fortlaufenden, undurchdringlich dichten Fliederhecke, die sich zur Himmelfahrts- und frühen Pfingstzeit über und über mit weißen und lila Blütendolden wie zum Brautfest des jungen Frühlings schmückte.

Schlösschen und Garten mochten zur Zeit des alternden Kurfürsten und seines jungen Liebchens noch einsam in der wohlbebauten Ebene gelegen haben, weitab von der schicksalsreichen Universitäts- und einstigen Residenzstadt, die sich mit ihrer hochragenden, efeuumgrünten

Schlossruine wohl
gerade nur auf das
schmale kleine Fleckchen be-
schränkte, wo die Waldhöhen sich öffnen
und dem schnell hinschießenden Bergfluss den Austritt in
die dunstige Ebene freilassen.

Auch zu der Zeit, als ich mit ahnungsvollem Herzen und leichtem Gepäck meinen Einzug in das Studententum hielt, war die Stadt, wenn auch auf beiden Ufern dem Fluss entlang weiter hinausgewachsen, doch immer noch mit ihren ausgreifenden Spinnenarmen in einiger Entfernung von der verzauberten Gartenwildnis, und man musste wohl eine gewisse Mühe und Pfadfinderschaft aufwenden, um den Weg zu entdecken.

Schon am ersten Tage, als ich, um Quartier zu suchen, durch die Straßen der Stadt und weiter hinaus vor die Tore streifte, hatten mich die hohen, fernen Baumwipfel wunderlich angezogen, aber vor der verschlossen abweisenden Parkpforte hatte mich plötzlich der Mut verlassen, und gesenkten Kopfes, als schämte ich mich vor irgendwem oder irgendetwas, hatte ich den Rückzug angetreten. Und nun stand ich an einem warmen, wolkenlosen Aprilnachmittag, tags darauf, zum zweiten Mal vor dem bronzenen Gartentor mit seinem hochmütigen Löwenhaupt, das in einer unwahrscheinlichen Heraldik modelliert war.

Ich war mittelgroß, blond, schlank und achtzehn Jahre alt. Die Welt, in die ich soeben hinausgetreten war, erschien mir voller seltsamer Rätsel und holder Abenteuer, die wie bunte Schmetterlinge unter einem tiefblauen Frühlingshimmel vor meinen berauschten Augen gaukelten und mich lockten, ihnen in die traumhafte Ferne nachzujagen. Was Wunder, dass diese grüne wilde Parkeinsamkeit, die hier wie eine umgürtete Insel mitten in den offenen Feldern der reichen Ebene lag, es mir mit ihrer geheimnisvollen Unnahbarkeit angetan hatte!

Das Herz klopfte mir bis zum Halse herauf, als ich mit einem selbstvergessenen Ruck, wie es der letzte Griff eines Ertrinkenden ist, an dem rostigen Ringe des Löwenmaules zog und gleich darauf ein kleiner grauhaariger, über die Maßen dicker Mann, fast wie ein Alräunchen aussehend, mit einem uralt verwitterten und doch wieder merkwürdig zeitlosen Gesicht, mir öffnete. „Kommen Sie nur herein, junger Herr!", sagte er gleichmütig und rückte an seinem Sammetkäppchen. Die Frau wartet schon auf Sie."

Ohne mir im Augenblick klarzumachen, was das bedeuten könne, da ich mich doch ganz unbekannt hier wusste, folgte ich dem voranwatschelnden Alten, der so etwas wie ein Gärtner oder ein allgemeines Hausfaktotum sein mochte, durch einen dämmergrünen Laubengang und befand mich um eine kurze scharfe Wegbiegung herum plötzlich angesichts des dichtumrankten Schlösschens und vor der schon wartenden Hausherrin.

Es war eine feine, zarte, aber wohlgewachsene und ebenmäßige Erscheinung in mittleren Jahren, mit edeln Zügen, die noch schön zu nennen waren, und großen dunkeln leidenschaftlichen Augen, in die sich verlorne Jugend und überwundener Schmerz gerettet zu haben schienen. Das tief kastanienbraune Haar war in der Mitte gescheitelt und fiel wellig um die reine freie Stirn. Sie trug ein leichtes, helles, duftiges Sommerkleid und einen Florentinerhut am Arm. Alles an ihr erschien anmutig und mädchenhaft und von so gewinnendem Reiz, dass ich sofort eine unendliche Sympathie in mir empfand, als sei ich einer längst gekannten mütterlichen Freundin wieder begegnet.

Auch schien es, als werde diese rasche Sympathie von der schönen graziösen Frau ein wenig erwidert, denn ich fühlte ihre Augen nicht ohne Wohlgefallen auf mir ruhen, als ich ihr nun mein Anliegen vorbrachte. Seltsam! Alle meine Bangigkeit, mit der ich soeben noch vor dem Gartentor gestanden hatte, war wie durch ein Zauberwort von mir genommen, und es war, wie wenn der heimatliche Friede dieses Frühlingsgartens mir mit sanften weichen Händen über die heißen Schläfen streichelte.

„Haben Sie wirklich den Weg zu uns gefunden?", sagte die schöne Frau und schüttelte lächelnd den Kopf. „Es muss schon ein Sonntagskind sein, wem das gelingt."

„Ein Sonntagskind?", erwiderte ich. „Das bin ich allerdings. Wenigstens an einem Sonntag geboren. Also halt ich mich dafür."

Die schöne Frau sah mich mit einem bedeutsamen Blick an und lächelte wieder.

„Zu uns kommen *nur* Sonntagskinder heraus. Und nur Sonntagskindern wird aufgemacht."

Wir schwiegen beide. Ich hatte das Gefühl, als hielte mich irgendetwas im Bann, ich wusste nicht was.

„Aber es ist ja gar nicht so schwer, hier herauszufinden", meinte ich schließlich unsicher. „Man sieht die Linden und Ulmen schon von Weitem."

„Es mag doch wohl schwerer sein, als es scheint", entgegnete sie nachdenklich. „Man muss auch die richtigen Augen im Kopfe haben, um die Bäume zu entdecken. Vielleicht haben nur Sonntagskinder die Augen."

„Ja, eine verzauberte Insel!", sagte ich plötzlich, scheinbar ohne Zusammenhang, und fegte mit meinem Arm begeistert durch die Luft. „Eine richtige verzauberte Insel! Hier werd ich Gedichte machen können! Gedichte … !"

„Wollen Sie Gedichte machen oder wollen Sie leben?", fragte sie mit einem reizend mokanten Lächeln um die Mundwinkel, das ihrem mädchenhaft fraulichen Antlitz eine ganz neue Beleuchtung gab.

„Am liebsten beides!", rief ich entzückt. „Denn gehört nicht auch beides zusammen wie Donner und Blitz oder wie Flamme und Licht?"

„Erst leben", erwiderte sie und hob bedeutsam, doch ohne Lehrhaftigkeit, den Finger. „Erst leben und dann Gedichte machen! Dazu sind Sie nach Monrepos gekommen. Auf die verzauberte Insel, mein Herr."

Ich sah sie an in ihrer reifen und doch so jugendlichen Grazie und fühlte, wie mir eine Blutwelle ins Gesicht schoss.

„Ja, leben!", rief ich und breitete die Arme hoch über dem Kopf. „Leben! Leben! Und alles andere … alles andere nachher …"

„Das findet sich dann von selbst", fiel sie ein und lächelte ungemein schalkhaft. „Bei Sonntagskindern natürlich nur. Die schütteln die Verse nur so von den Bäumen herunter wie Äpfel und Nüsse. Aber erst müssen doch Bäume gewachsen sein, nicht wahr, mein Herr?"

„Hier gibt es ja Bäume in Hülle und Fülle, um Verse zu schütteln", sagte ich übermütig.

„Und auch die Menschen sind da, um leben zu lernen", nickte sie.

Ich musste mich wohl etwas verwundert umgesehen haben, denn sie setzte lächelnd hinzu:

„Ich habe drei Töchter, mein Herr. Es ist nicht so einsam, wie es scheint. Und jetzt wollen wir Ihren künftigen Musensitz betrachten gehen."

Plötzlich fiel mir ein, dass ich mich noch nicht vorgestellt hatte.

„Mein Name ist Ziegler, Bernhard Ziegler", sagte ich und machte eine ziemlich linkische Verbeugung, über die ich mich selbst im Stillen ärgerte.

„Frau von Mitnacht", entgegnete sie einfach.

MAX HALBE

Stunden für die Seele

Wonnemonat Mai – Monat der schwärmenden, singenden, balzenden Vögel – Monat der Hummeln – Monat des blühenden Flieders (und auch mein Geburtsmonat). Ich schreibe dies im Freien, kurz nach Sonnenaufgang, unten am Fluss. Das Spiel des Lichts, die Düfte, die Melodien – Hüttensänger, Grasmücken, Wanderdrosseln, wohin man auch schaut – das lärmende, klingende Konzert der Natur. Als Untermalung dient das Hämmern eines benachbarten Spechts an seinem Baum und der entfernte Weckruf eines Hahns. Und die feuchte Erde duftet – die Farben, die zarten Grau- und lichten Blautöne am Horizont. Das leuchtende Grün des Grases hat durch die Milde und Feuchtigkeit der letzten zwei Tage eine zusätzliche Tiefe erhalten. Wie ruhig die Sonne zu ihrer Tagesreise in den weiten, klaren Himmel aufsteigt! Wie ihre warmen Strahlen alles überfluten und wie mit Küssen, fast heiß über mein Gesicht strömen.

Es ist eine Weile her seit dem Gequake der Teichfrösche und dem ersten Weiß der Hartriegelblüten. Jetzt sprenkelt goldener Löwenzahn in endloser Verschwendung überall den Boden. Die weißen Kirsch- und Birnenblüten – die wilden Veilchen schauen aus ihren blauen Augen auf und salutieren meinen Füßen, als ich am Waldrand entlang schlendere. Der rosige Schein knospender Apfelbäume, das leuchtend klare Smaragdgrün der Weizenfelder, das dunklere Grün des Roggens – eine warme Geschmeidigkeit durchdringt die Luft, die Wacholderbüsche sind reich geschmückt mit ihren braunen Äpfelchen – der Sommer erwacht ganz und gar. Die Amseln, in geschwätzigen Schwärmen, sammeln sich auf einem Baum und erfüllen die Stunde und den Ort mit Lärm, während ich in ihrer Nähe sitze.

Später. (…) Ich sitze schreibend unter einem großen Wildkirschbaum – der warme Tag wird angenehm temperiert von einzelnen Wolken und einer frischen Brise, nicht zu stark und nicht zu schwach, und hier sitze ich lange und lange, umhüllt vom tiefen musikalischen Gebrumm dieser Hummeln, die über mir zu Hunderten herumschwirren, sich wiegen, hin und her schießen – dicke Burschen mit hellgelben Röcken, großen leuchtenden, schwellenden Leibern, gedrungenen Köpfen und hauchdünnen Flügeln, unablässig lassen sie ihr reiches, weiches Summen ertönen. (…) Wie mich das alles kräftigt und wunderbar besänftigt – die frische Luft, die Roggenfelder, die Obstgärten. Die letzten beiden Tage waren makellos, was Sonne, Wind, Temperatur und überhaupt alles angeht, und ich habe sie zutiefst genossen.

WALT WHITMAN

In diesem Augenblick
bin ich dermaßen glücklich,
dass meine einzige
Beschäftigung darin besteht,
zu leben.

HONORÉ DE BALZAC

Ein glücklicher Mensch

Es ist sehr gefährlich, in das Leben anderer Leute einzugreifen, und ich habe mich immer über das Selbstvertrauen gewundert, mit dem Politiker, Reformer und sonstige Wohltäter ihre Mitmenschen zwingen, liebgewordene Gewohnheiten und Lebenshaltungen aufzugeben. Ich meinerseits erteile nur ungern Ratschläge. Wie soll ich jemandem raten, den ich nicht ebenso genau kenne wie mich selbst? Und um die Wahrheit zu sagen: ich kenne schon mich selbst nicht ganz genau. Meine Mitmenschen sind mir völlig fremd; das heißt, dass ich nur vermuten kann, was sie denken und fühlen. Jeder von uns ist ein Gefangener seines eigenen Ichs und kann sich von seiner Einzelzelle aus nur durch verabredete Zeichen und Symbole mit den anderen Gefangenen verständigen, denen es ebenso ergeht. Es ist klar, dass diese Zeichensprache zu Missverständnissen führen muss, und es ist erwiesen, dass einmal begangene Fehler sich im Rahmen unseres kurzen Erdenwallens nur sehr schwer gutmachen lassen.

Dennoch gibt es immer wieder Menschen, die sich an andere Menschen um Rat wenden, zum Beispiel an mich. Sie wollen von mir wissen, was sie mit ihrem Leben anfangen sollen, sie wünschen, dass ich ihnen aus einem Dilemma heraushelfe, in das sie geraten sind, sie machen mich zum Wegweiser ihres Schicksals.

Einmal, das darf ich immerhin sagen, habe ich jemandem gut geraten. Ich war damals ein junger Mann und bewohnte in London ein bescheidenes Appartement nahe der Victoria Station. Eines späten Nachmittags, eben als ich beschloss, für heute genug gearbeitet zu haben, ging meine Türglocke. Draußen stand ein mir völlig Unbekannter, der mich nach meinem Namen fragte. Ich gab ihm die gewünschte Auskunft. Daraufhin fragte er, ob er eintreten dürfe. Ich bejahte, führte ihn ins Wohnzimmer und bat ihn, Platz zu nehmen. Da er sich offenbar ein wenig unbehaglich fühlte, bot ich ihm eine Zigarette an. Er hatte Schwierigkeiten, sie anzuzünden, ohne seinen Hut aus der Hand zu geben. Nachdem er seine Bemühungen erfolgreich abgeschlossen hatte, schlug ich ihm vor, den Hut auf einen Stuhl zu legen. Er kam meinem Vorschlag so eilfertig nach, dass er dabei seinen Schirm fallen ließ.

„Bitte seien Sie nicht ungehalten, dass ich Sie derart überfalle", sagte er. „Mein Name ist Stephens. Ich bin Arzt. Wenn ich nicht irre, sind auch Sie Mediziner?"

„Ja. Aber ich praktiziere nicht."

„Das weiß ich. Ich habe gerade Ihr Buch über Spanien gelesen. Darf ich Sie dazu etwas fragen?"

„Es ist kein sehr gutes Buch, fürchte ich."

„Nun, jedenfalls wissen Sie etwas über Spanien, und ich kenne sonst niemanden, den ich fragen könnte. Würden Sie mir ein paar Informationen geben?"

„Mit Vergnügen."

Er sprach nicht sofort weiter, sondern griff nach seinem Hut, hielt ihn mit der einen Hand fest und streichelte ihn gedankenverloren mit der anderen. Möglicherweise beruhigte ihn das. „Ich bitte Sie nochmals um Entschuldigung für mein ungehöriges Eindringen", sagte er und ließ ein verlegenes Lachen hören. „Aber seien Sie unbesorgt. Ich werde Ihnen jetzt nicht meine Lebensgeschichte erzählen."

Wenn jemand so etwas sagt, dann weiß ich, dass er nichts anderes im Sinn hat als ebendies: mir seine Lebensgeschichte zu erzählen. Aber das stört mich nicht weiter. Manchmal höre ich sogar ganz gerne zu.

„Meine Erziehung wurde von zwei alten Tanten besorgt", begann er. „Ich bin niemals irgendwo hingereist. Ich habe niemals irgendetwas geleistet. Seit sechs Jahren bin ich verheiratet. Ich habe keine Kinder. Ich bin am Camberwell-Spital beschäftigt. Ich halte es nicht mehr aus."

Seine kurze, abgehackte Sprechweise wirkte sonderbar eindringlich, ja eindrucksvoll. Bisher hatte ich ihn nur flüchtig angesehen. Jetzt fasste ich ihn genauer ins Auge. Er war von kleiner, untersetzter Statur, vielleicht dreißig Jahre alt. In seinem rötlichen runden Gesicht leuchteten dunkle lebhafte Augen. Sein schwarzes Haar war kurz geschoren, sein abgetragener blauer Anzug war an den Knien stark ausgebeult, und die offensichtlich vollgestopften Seitentaschen seines Rocks standen unordentlich ab.

„Sie wissen ungefähr, was ein Spitalsarzt zu tun hat", fuhr er fort. „Es ist jeden Tag das Gleiche. Und dabei wird es mein Leben lang bleiben. Ich frage Sie: ist das der Mühe wert?"

„Sie verdienen damit Ihren Lebensunterhalt."

„Stimmt. Ich werde nicht schlecht bezahlt."

„Würden Sie mir bitte erklären, weshalb Sie zu mir gekommen sind?"

„Ich wollte Sie fragen, ob Sie glauben, dass ein englischer Arzt in Spanien eine Chance hat?"

„Warum gerade Spanien?"

„Ich weiß nicht. Irgendwie zieht es mich dorthin."

„Spanien ist ein wenig anders, als Sie es aus Carmen kennen."

„Aber in Spanien scheint die Sonne, in Spanien gibt es guten Wein und bunte Farben und eine Luft, die man atmen kann. Kurzum: ich habe durch Zufall gehört, dass in Sevilla ein englischer Arzt unterkommen könnte. Soll ich versuchen, mir dort eine Praxis aufzubauen? Oder bin

ich verrückt, dass ich meinen sicheren Posten am Camberwell-Spital gegen etwas so Ungewisses eintauschen will?"

„Wie denkt Ihre Frau darüber?"

„Meine Frau ist einverstanden."

„Sie würden ein großes Risiko eingehen."

„Das weiß ich." Er machte eine kurze Pause. „Wenn Sie mir
sagen, dass ich gehen soll, dann gehe ich. Wenn Sie mir
sagen, dass ich bleiben soll, dann bleibe ich."

Seine dunklen glänzenden Augen waren erwartungsvoll
auf mich gerichtet. Ich wusste, dass er es ernst meinte.

„Ihre ganze Zukunft steht auf dem Spiel", sagte ich. „Sie
müssen selbst die Entscheidung treffen. Ich kann Ihnen
nur eines sagen: Wenn Sie nicht am Geld hängen, wenn
es Ihnen genügt, gerade so viel zu verdienen, als Sie unbedingt brauchen, dann gehen Sie. Dann werden Sie ein
herrliches Leben führen."

Er nickte, stand auf und verabschiedete sich wortlos.
Während der folgenden Tage dachte ich noch ein paarmal
an ihn, aber bald entschwand die kleine Episode aus meiner Erinnerung.

Fünfzehn Jahre oder noch mehr mochten vergangen sein,
als ich mich einmal vorübergehend in Sevilla aufhielt
und von einem leichten Unwohlsein befallen wurde. Ich
erkundigte mich beim Hotelportier, ob es einen englischen
Arzt in der Stadt gäbe. Er nannte mir die Adresse.

Als ich aus dem Taxi ausstieg, trat ein kleiner dicklicher
Mann aus dem Haus hervor, der bei meinem Anblick
stutzte und stehen blieb:

„Kommen Sie zu mir? Ich bin der englische Arzt."

Ich erklärte ihm mein Anliegen und wurde von ihm ins Haus geführt. Es unterschied sich in nichts von anderen spanischen Häusern. Der Ordinationsraum, der auf den Innenhof hinausging, war mit Büchern, Zeitschriften, medizinischen Geräten und allerlei Krimskrams vollgestopft und hätte einem peniblen Patienten nicht eben Vertrauen eingeflößt.

Als die Konsultation vorbei war, fragte ich den Arzt, was ich schuldig sei. Er schüttelte lächelnd den Kopf:

„Nichts."

„Ja aber – was heißt das?"

„Erinnern Sie sich nicht an mich? Ihnen habe ich doch zu verdanken, dass ich hier bin. Mein Name ist Stephens."

Ich hatte nicht die leiseste Ahnung, wovon er sprach. Erst als er mir unsere lang zurückliegende Begegnung mit allen Details ins Gedächtnis zurückrief, besann ich mich auf ihn.

„Ich habe mich oft gefragt, ob ich Sie jemals wiedersehen würde", sagte er. „Ob ich jemals Gelegenheit finden würde, Ihnen zu danken."

„Dann sind Sie also mit meinem damaligen Ratschlag zufrieden?"

Ich sah ihn an. Er war in den Jahren seither um einiges beleibter geworden, sein kurzes Haar war einer Glatze gewichen, aber seine Augen zwinkerten immer noch lebhaft und fröhlich, und sein rötliches Gesicht machte den Eindruck außerordentlicher Wohlgelauntheit. Sein Anzug, offenbar von einem spanischen Schneider gefertigt, ließ, ebenso wie sein breitkrempiger Sombrero, jede Spur von Eleganz vermissen, aber er wirkte trotz all dieser Nachlässigkeit durchaus sympathisch. Vielleicht hätte man gezögert, sich von ihm den Blinddarm herausoperieren zu lassen, aber man konnte sich keinen liebenswerteren Trinkkumpan vorstellen. Er sah aus wie einer, der auf den ersten Blick erkennt, was ein guter Wein ist.

„Waren Sie nicht verheiratet?", fragte ich.

„Meiner Frau hat es in Spanien nicht gefallen. Sie ist nach Camberwell zurückgegangen."

„Das tut mir leid."

Er schmunzelte: „Das Leben entschädigt einen für so manches."

Kaum hatte er zu Ende gesprochen, als eine nicht mehr ganz junge, üppige und keineswegs reizlose Spanierin in der Tür erschien. Sie redete ihn spanisch an, er antwortete fließend, freundlich und respektvoll. Kein Zweifel, dass sie die Herrin im Haus war.

Beim Abschied, schon vor dem Haus, kam er nochmals auf die Vergangenheit zu sprechen:

„Wissen Sie noch, was Sie mir damals prophezeit haben? Wenn ich hierherkomme, würde ich gerade so viel verdienen, als ich unbedingt brauche, und würde ein herrliches Leben führen. Sie hatten recht. Ich war immer arm und werde es immer bleiben. Aber seit ich hier bin, macht mir das Leben Spaß. Ich würde mit keinem König tauschen."

WILLIAM SOMERSET MAUGHAM

93

Die Geschichte vom Glück

Eine Katze, ein Zwei-Euro-Stück und eine Scheibe Cervelatwurst hatten sich aufgemacht, um gemeinsam ihr Glück zu finden. Sie wanderten den ganzen Tag umher und hielten sorgfältig Ausschau, und immer wenn sie irgendetwas sahen, einen Strauch, eine Feder, einen Fleck, fragte einer von ihnen: „Ist das wohl unser Glück?" Und die anderen beiden diskutierten dann leise und antworteten schließlich: „Eher nicht." Zwischendurch sangen sie Lieder.

Als sie gegen Abend ihr Glück immer noch nicht gefunden hatten, machten sie erschöpft Rast auf einer Parkbank und teilten sich ihre letzte Zigarette. „Wie sieht es wohl aus, unser Glück?", fragte die Katze, den Blick in den dämmernden Himmel gerichtet. „So cremefarben", sagte das Zwei-Euro-Stück, „groß und cremefarben gepunktet und an den Rändern etwas abgenutzt." Die Cervelatwurst richtete sich auf.

„Wie bitte? Das ist doch nicht unser Glück. Unser Glück ist oval und flauschig und hat hinten ein paar Glühbirnen dran und oben diese Zacken." – „Zacken?", rief die Katze und tippte sich an die Stirn. „Unsinn. Unser Glück ist flach und halb zugedeckt und wackelt so komisch rum."

Sie schauten sich an, erst ratlos, dann immer trauriger. Der Abendwind machte das, was Abendwinde so machen. Irgendwo in der Ferne Gebell. „Vielleicht haben wir einfach zu verschiedene Vorstellungen", sagte die Katze, und ihre Stimme brach dabei etwas. „Vielleicht", sagte das Zwei-Euro-Stück. „Vielleicht sind aber auch nur unsere Vorstellungen falsch, und wir haben unser Glück bereits gefunden. Nämlich hier zu sitzen, an diesem lauen Abend, und sich auf einer Parkbank eine Zigarette zu teilen." – „Eher nicht", sagte die Scheibe Cervelatwurst, fraß die Katze auf und kaufte sich vom Zwei-Euro-Stück vier Rubbellose, mit denen sie insgesamt 32.000 Euro gewann. Und seitdem haben Cervelatwürste kleine weiße Punkte.

TILMAN RAMMSTEDT

Klarer Tag

Der Himmel leuchtet aus dem Meer;
ich geh und leuchte still wie er.
Und viele Menschen gehn wie ich,
sie leuchten alle still für sich.
Zuweilen scheint nur Licht zu gehn
und durch die Stille hinzuwehn.
Ein Lüftchen haucht den Strand entlang:
o wundervoller Müßiggang.

RICHARD DEHMEL

Capri in der Badewanne

Seit Tagen liegt eine dicke Schneedecke auf der Stadt und macht keine Anstalten zu schmelzen. Ich werde mir diese Tage im Kalender anstreichen, denn eine solche Kette weißer Tage gibt es kaum noch bei uns im Norden. Ab und zu fährt ein Windstoß durch die Bäume und lässt den Schnee aufstäuben. Das Thermometer zeigt Minusgrade, die Dämmerung knabbert früh am Tageslicht. Mein Spaziergang am Nachmittag endet schnell und mit einem klar definierten Ziel – der Badewanne.

Das heiße Wasser rauscht in die Wanne. Dazu gibt es Badeschaum mit Aromen von Orange und Thymian – Mittelmeer. Und ein aufblasbares rotes Badekissen für den Nacken. Ich strecke mich in der Wanne aus, Dampfwolken steigen zur Decke hoch und umnebeln sanft mein Hirn. Auf meiner Brust liegt ein großer Schaumberg, drum herum viele kleine Schaumhügel, eine schöne Insellandschaft, die sich ständig verändert und leise knistert. Sobald der Schaum auf meiner Brust geschmolzen ist, hole ich mit dem Fuß einen neuen Berg zu mir heran. Ab und zu puste ich hinein, und die weiße Kuppe fliegt davon.

Ich schwitze und werde immer träger. Alle unangenehmen Pflichten, die irgendwo in der Wohnung noch auf mich warten, verdampfen in der Wanne. Ich lasse mich tiefer nach unten sinken, nur die Knie schauen heraus, wie zwei einsame Felsen. Schaum sammelt sich um die Felsen herum, und ich sehe zu, wie er langsam zerfällt. Der Fokus wird immer kleiner, eine Welt auf zwei Quadratmetern. „Es muss einige Dinge geben, gegen die ein heißes Bad nicht hilft, aber ich kenne nicht viele", hat Sylvia Plath geschrieben.

Ich döse vor mich hin, ohne irgendetwas zu wollen. Die sonst anarchisch in meinem Kopf hin und her springenden Gedanken haben sich ohne mein Zutun verflüchtigt. In mir ist eine große wohltuende Leere. Loslassen. Vermutlich wurde das Wort von jemandem erfunden, der in der Badewanne lag.

Während ich weiter döse, ändert sich unversehens das Bild. Ich treibe durch das warme Mittelmeer im Golf von Neapel, die Wellen tanzen und haben kleine Schaumkronen. In der Ferne sehe ich Ischia und Procida, nicht weit entfernt von mir ragen die Faraglioni, die steilen Felskegel von Capri auf. Wenn es einen Schöpfer gibt, muss er mindestens drei Gläser Spumante getrunken haben, als er sie ins Meer warf. Jemand hat mal gesagt, der Golf von Neapel sei so schön, dass es fast schon kriminell ist. Die Idee der verbrecherischen Schönheit gefällt mir.

Ich treibe durch das Meer, das in der Sonne türkisfarben leuchtet, möchte gar nicht irgendwo ankommen, darum geht es nicht. Sanft gleite ich durch den Bogen des mittleren Capri-Felsens hindurch. Und denke an die ein bisschen schmonzettenhafte Legende, nach der sich Liebespaare bei der Durchfahrt auf dem Boot küssen sollen, um das Glück auf ihre Seite zu ziehen. Ich treibe immer weiter, lande in der Marina Piccola auf der Südseite von Capri, am Fuß der Steilhänge des Monte Solaro, wo das Wasser am wärmsten ist. Sehe den Scoglio delle Sirene, den Sirenenfelsen, stelle mir die lauernden Frauenvogelwesen vor, die versucht haben, Odysseus mit ihren Gesängen zu betören. Was trieb ihn, was wollte er sich beweisen, als er sich am Mast seines Schiffes festbinden ließ und an seiner Sehnsucht litt wie ein Hund? Warum hat er sich nicht Wachs in die Ohren gestopft wie seine Gefährten? Ich gleite weiter, jetzt auf den fernen Vesuv zu, über seinem Wipfel hängen ein paar Wolken, aber vielleicht ist es auch Rauch. Ich kann die Zeichen nicht deuten, ob er bald wieder spuckt oder nicht, aber ich muss nichts verstehen, kann einfach schauen.

Plötzlich merke ich, dass mir kühl geworden ist. Die Sonne steht jetzt tiefer über dem Golf. Meine Augen brennen ein bisschen vom Salzwasser. Ich bewege kräftig meine Arme und Beine auf und ab, neben mir schwimmt jetzt ein rotes Kissen, und mit einem Mal liege ich wieder in der Badewanne. Der Schaum ist komplett zerfallen, die Dampfwolken sind abgezogen. Zeit zum Aufstehen.

Langsam steige ich aus dem Wasser. Nur mein Kopf ist nach wie vor woanders, in der Bucht im Mittelmeer. So weit bin ich noch nie in der Badewanne gereist.

FRANZISKA WOLFFHEIM

10 Tipps
für Ihre gute Laune

1. Ursachenforschung

Finden Sie heraus, wo Ihre schlechte Laune herrührt. Liegt es an den äußeren Umständen oder vielleicht sogar an Ihnen selbst? Wenn Sie das wissen, sind Sie Ihrer guten Laune schon ein schönes Stück näher.

Mal ganz ehrlich: Es interessierte mich nicht, wo meine schlechte Laune herkam. Sie war da, ging mir auf die Nerven, und das musste genügen.

2. Lächeln Sie

Lächeln Sie, auch wenn Ihnen nicht danach ist. Dadurch wird Ihr eigenes Gehirn positiv stimuliert und Sie reagieren offener und freundlicher auf Ihre Mitmenschen und auf Ihre Umwelt. Das hebt die Laune.

Ich kniff die Lippen zusammen, während ich die Straße entlanglief und der Regen durch den Jackenkragen meinen Rücken hinunterrann. Ein junger Mann, der mir entgegenkam, presste sich gegen die Hauswand, um mir Platz zu machen. Vermutlich hatte er Angst vor mir bekommen. Wenn ich äußerlich auch nur annähernd so aussah, wie ich mich innerlich fühlte, konnte ich ihn zu gut verstehen.

Was für ein Mist. Ach was – Katastrophe kam dem näher, war aber immer noch nicht schrecklich genug. GAU. Apokalypse. Ich trat wütend gegen die nächste Straßenlaterne. Da schaffte ich es einmal nicht rechtzeitig in die Lottoannahmestelle, um meine seit Jahren sorgsam ausgetüftelten Zahlen zu tippen, und dann das.

3. Glückstagebuch

Führen Sie ein Glückstagebuch und notieren die vielen kleinen schönen Momente des Tages – den Duft einer Blume oder die Sonnenstrahlen auf Ihrem Gesicht. Damit bestimmen Sie selbst, was Ihnen im Gedächtnis bleibt.

Als ob in den letzten Tagen und Wochen nicht schon genug Dinge schiefgelaufen wären. Erst starb der irische Wolfshund meiner Nachbarin, und ich musste ein Loch mit den Ausmaßen von Grönland in ihren Garten graben. Wie nicht anders zu erwarten, ging dabei irgendetwas Undefinierbares in meinem Rücken kaputt. Ich war gezwungen, zu einem Arzt zu gehen, in dessen Wartezimmer eine alte Dame nicht nur großzügig ihre Lebensgeschichte, sondern auch ihre Grippeviren verbreitete. Und jetzt raten Sie mal, zu wem diese niedlichen Gesellen sich spontan hingezogen fühlten? Richtig. Bingo. Fünf Tage lag ich komplett flach, verpasste dadurch ein wichtiges Meeting, bei dem über die Zukunft unserer Abteilung gesprochen wurde, und zack – weg war ich vom Fenster meines bis dato so netten Büros. Naturgemäß blieb damit auch das monatliche Gehalt meinem Konto fern. Was den Raten für die

Eigentumswohnung leider völlig egal war: Die liefen weiter und bald schon ins Leere. Eines kam zum anderen, und am Ende des Monats stand ich auf der Straße mit nichts als dem Beleg des Möbellagers, in dem ich mein verbliebenes Hab und Gut verstaut hatte. Das war im Übrigen auch der Grund, warum ich meinen Lottoschein nicht abgegeben hatte. Das dauerte alles ewig, und als ich endlich vor dem Lottoladen stand, hatte der schon zu, nur mein Spiegelbild schaute mich aus den Schaufensterscheiben an.

4. Setzen Sie sich Ziele

Das Geheimnis für diese Strategie ist die Theorie des Machbaren. Nehmen Sie sich etwas vor, das Sie mit etwas Mühe und Anstrengung realistisch erreichen können, z. B. die Treppe benutzen anstatt des Fahrstuhls, eine zusätzliche Runde beim Lauftraining drehen, ein neues Kuchenrezept ausprobieren, ein Gedicht auswendig lernen. Etwas zu erreichen ist gut für Ihr Selbstbewusstsein.

Mein eigenes Spiegelbild erschreckte mich. Ich sah aus, als lebte ich bereits seit einem Jahr und nicht erst seit einem Tag auf der Straße. Wirre Haare, dunkle Ringe unter den Augen, und die Klamotten hatten auch schon bessere Tage gesehen. So hatte es keinen Zweck, irgendetwas an der Situation ändern zu wollen. Überhaupt, etwas zu unternehmen erschien mir mit einem Mal so abstrus und undenkbar, als hätte Michael Jackson damals verkündet, er würde nur noch deutsche Schlager singen wollen. Am besten würde sein, ich setzte mich auf eine Bank im Stadtpark und wartete darauf, dass alles vorüberging, wobei mir nicht klar war, was genau ich mit alles meinte – die Situation oder mein Leben grundsätzlich. Allerdings ging mir die Energie, die ich benötigt hätte, um diese Frage zu beantworten, auch schon völlig ab.

5. Remember me – Erinnern Sie sich

Denken Sie an schöne Erlebnisse zurück. Erinnern Sie sich an Ihre vergangenen Erfolge. Das Schwelgen in positiven Erinnerungen hebt die Stimmung.

Dabei war es gar nicht so lange her, dass es mir deutlich besser gegangen war. Viel besser, um nicht zu sagen fantastisch. Der Job, die tolle Wohnung, das Auto, Marion. Alles Attribute, die zu einem erfolgreichen Junggesellenleben gehörten.

Gut, die Wohnung und das Auto waren auf Pump, der Job ein Schleudersitz und Marion … Tja, Marion. Die hatte sich beim ersten Anzeichen, dass ich einer fallenden Aktie gleich ins Bodenlose zu stürzen drohte, auf ihren High Heels umgedreht und mich an der Ecke, um die sie in ihrem todschicken Businesskostüm davon stöckelte, stehen gelassen.

6. Verbringen Sie Zeit mit Menschen, die Sie mögen

Egal, ob gute Freunde oder Familie – wichtig ist, dass Sie sich gut verstehen und miteinander vertraut sind. Reden Sie miteinander, oder unternehmen Sie etwas Interessantes. Das macht den Kopf frei, und das Gefühl, unter allen Umständen gemocht und geliebt zu werden, ist Labsal für die Seele.

Meine Mutter war auch keine wirkliche Hilfe. Sie murmelte etwas von selbst schuld, wenn du dich nie meldest und es nicht nötig hast, nach uns zu fragen, Weihnachten, Ostern, Geburtstage und alle anderen denkbaren Feiertage ignorierst und so tust, als ob wir nicht existieren. Meine Schwester schlug mir nur eine Sekunde, nachdem sie die Tür ihres niedlichen Reihenhäuschens geöffnet hatte, selbige wieder vor der Nase zu. Ehrlich gesagt konnten wir uns schon als Kinder nicht ausstehen. Wohin konnte ich noch gehen?

Meine ehemaligen Kollegen mieden mich wie die Pest, vermutlich weil sie glaubten, das mit der Kündigung wäre ansteckend. Für Freunde hatte mir die Arbeit keine Zeit gelassen, und Andreas, mein alter Kumpel aus Schultagen, war vor einem halben Jahr nach Australien ausgewandert, hatte dort eine Einheimische geehelicht und züchtete nun Schafe oder umgekehrt. Ich wusste es nicht so genau.

7. Frei atmen

Tief und bewusst zu atmen löst Verspannungen. Ein paar Trop-
fen Ihres Lieblingsduftes in die Duftlampe, und der Tag ist
gerettet.

Der Mülleimer neben der Parkbank, auf der ich mich
schließlich niedergelassen hatte, stank infernalisch nach
toter Ratte, altem Käse und Motoröl. Nachdem ich fünfzehn Minuten darüber nachgedacht hatte, in welchem
inhaltlichen Zusammenhang diese drei olfaktorischen Fa-
cetten stehen konnten, aber zu keinem wirklich befriedi-
genden Ergebnis gekommen war, beschloss ich, den Ge-
stank zu ignorieren und mich zu entspannen. Zeit genug
hatte ich ja jetzt. Niemand trieb mich mehr, keine Termi-
ne, zu denen ich hetzen, keine Deadlines, die ich einhal-
ten musste. Nach einer halben Minute wurde mir die Entspannung allerdings zu stressig, und ich zog eine Zeitung
zu mir heran, die ein Vor-mir-Sitzender auf der Parkbank
liegen gelassen hatte. Das war ein Fehler, den ich leider zu
spät erkannte. Wie junge Hunde sprangen sie mir entge-
gen und bissen sich in meinem Bewusstsein fest – die Zahlen der gestrigen Lottoziehung. Meine Zahlen. Die, die ich
immer schon auf meinem Schein eingetragen hatte. Die
ich geliebt und niemals vergessen hatte. Alle sechs. Und
die Zusatzzahl. Wütend knüllte ich die Zeitung zusammen,
stopfte sie zu der toten Ratte und dem alten Käse in den
Mülleimer und stapfte über die Wiese, ohne darauf zu ach-
ten, wohin ich lief.

8. Etwas auf die Ohren

Klassik oder Heavy Metal – Hauptsache, es holt Sie aus dem Sessel und damit aus dem Stimmungstief. Wissenschaftler haben nachgewiesen, dass Gute-Laune-Lieder einen etwas schnelleren Takt haben als „normale" Musik.

„Eh, pass doch auf, Alter", trompetete eine Stimme von irgendwo, und ich spürte einen Schlag in meine Kniekehle. Mit einem leisen Ächzen brach ich ein und fand mich in einer Gruppe männlicher und weiblicher Jugendlicher wieder, die im Kreis über- und untereinander saßen und lagen. Einige tranken, einige rauchten, einige knutschten, manche machten alles gleichzeitig. Über der gesamten Gruppe hing ein weißlicher Nebel, der einen süßen Geruch verströmte. Deutlich angenehmer als das Ratte-Käse-Diesel-Odeur, aber im Gegensatz zu diesem auch deutlich bewusstseinstrübender. Ich hustete und rappelte mich hoch. Jetzt erst klangen leise Töne an mein Ohr, langsam, schwer und träge, und ich fragte mich, wie lange es wohl dauern würde, bis die gallertartige Masse aus Mensch und Musik mich verschlingen und nie wieder ausspucken würde.

9. Pflegen Sie Ihren Spleen

Sie haben einen Putzfimmel? Super! Toben Sie sich aus. Sie sticken gern? Gut! Fangen Sie an. Alte Filme, englische Krimis, Minigolf? Egal, was es ist – gönnen Sie sich einen Nachmittag ganz nach Ihren Wünschen.

Gleichzeitig breitete sich eine wohlige Wärme in mir aus, und ich wollte nichts anderes, als mich auf die weiche

Wiese fallen lassen, die Arme ausbreiten und in den blauen Himmel starren. Das habe ich schon als kleiner Junge auf dem Bauernhof meiner Großeltern getan. Immer, wenn ich eine Auszeit brauchte, starrte ich so lange in den Himmel, bis sich das Bild in mein Hirn gebrannt hatte, und zählte dann die Sekunden, bis es wieder vollständig verschwunden war. Mit einem Mal fühlte ich mich eins mit dem Hier und Jetzt, raumumspannend und verströmend im Universum.

„Eh, Alter, du ziehst unseren Altersschnitt zu weit nach oben." Etwas schubste mich nach vorn, und ich stolperte von der Gruppe weg.

10. Nicht an sich, sondern an andere denken

Richtig gelesen: Eine der besten Gute-Laune-Methoden ist die gute Tat für einen Mitmenschen. Gehen Sie für Ihre kranke Freundin einkaufen, reparieren Sie das Fahrrad der Kollegin oder bieten der Nachbarin an, für einen Abend auf das Kleinkind aufzupassen, damit sie endlich auch einmal ins Kino kann.
Es dauerte einen Moment, bis sich die halluzinogenen Schwaden aus meinem Hirn verabschiedet hatten und ich wieder einigermaßen klar denken konnte. Das allerdings hatte auch den deutlichen Nachteil, dass die komplette Unbill meiner Situation wieder mit voller Wucht in mein Bewusstsein brach und sich sämtliche Glücksgefühle umgehend und spurenlos verflüchtigten.
Nicht unerheblich trug auch der Schmerz dazu bei, der mich in diesem Moment in Höhe meiner Schläfe durch-

zuckte, verursacht von einem Fußball, der mit ebenso viel Energie wie Unvermögen geschossen worden war. Ich stürzte wie eine gefällte Eiche zu Boden, verlor kurz die Orientierung und blinzelte dann gegen die blendende Sonne an. Ein kleiner Junge, der mir vage bekannt vorkam, stand vor mir und lächelte mich breit an, während eine Frau, in der ich die Mutter des Jungen vermutete, eilig auf mich zugehastet kam. Auch sie glaubte ich zu kennen, konnte unsere Bekanntschaft aber nicht genau einordnen. „Klaus", rief sie, und ich wunderte mich, woher sie meinen Namen kannte.

„Papa?", sagte der kleine Junge, und ich hörte das schlechte Gewissen aus seiner Stimme. „Alles in Ordnung?"

Ich blinzelte wieder gegen die Sonne. Der Schmerz in meinem Kopf ließ nach, die Blitze hörten auf, vor meinen Augen wild durcheinanderzufunken, und mit einem Mal rutschten Zeit, Gesichter und Namen wieder an ihre angestammten Plätze.

„Annette? Paul?" Ich schaute die Frau und den Jungen an. „Was ist passiert?"

„Paul hat dich mit seinem Ball abgeschossen, und du bist umgefallen. Ist alles o. k. bei dir?"

Ich drehte den Kopf und tastete mich ab. Nichts tat weh, alles war in Ordnung. In der Brusttasche meines Hemdes knisterte ein Stück Papier. Ich zog es hervor. Der Lottoschein. Das war es, woran ich gedacht hatte und was mich abgelenkt hatte, als Pauls Ball mich traf.

„Wie spät ist es, Annette?", wollte ich wissen und stand auf.

„Gleich sechs."

„Dann muss ich mich beeilen, sonst kann ich den Schein nicht mehr abgeben."

„Den mit unseren Glückzahlen, Papa?"

„Genau den."

„Wenn die dann gewinnen würden, würden wir uns aber ganz dolle ärgern und schlechte Laune bekommen."

„Genau. Und das wollen wir ja auf keinen Fall."

ELKE PISTOR

Leicht muss man sein:
mit leichtem Herz
und leichten Händen,
halten und nehmen,
halten und lassen …

HUGO VON HOFMANNSTHAL

Lebe jetzt – die wichtigste Einladung im Leben wird nicht wiederholt

Liebe Freundin, Sie sagten mir gestern, Sie hätten Angst vor Neujahr, Sie könnten Silvester nicht mit Halligalli feiern – danach stünde nicht Ihr Sinn, und überhaupt sei doch die Frage zumindest erlaubt, ob Silvester nicht in Wahrheit ein eher trauriges Fest sei, denn immerhin würde an diesem Tag ein weiteres Lebensjahr von dem Zeitkonto abgebucht, das uns der liebe Gott geschenkt hat. Und niemand könne einem verraten, wie viele Jahre noch auf dem Depot liegen, nicht die besten Ärzte, auch die Seelsorger nicht.

Und Sie fragten mich, ob ich Sie aufmuntern könne, herausführen aus Ihrer „Mini-Traurigkeit", wie Sie es nannten, vielleicht mit einem Bonmot oder mit einer Erkenntnis aus den Weisheitsbüchern des Lebens. Sie wissen, dass ich diese Texte der Dichter, Denker, Philosophen gerne studiere, weil ich hoffe, für mich selbst Aufschluss darüber zu finden, was denn dieser geheimnisvolle Stoff ist, den wir „unser Leben" nennen. Wobei wir insgeheim natürlich spüren, dass uns unser Leben nicht gehört wie ein Goldschatz, sondern nur geliehen ist auf Zeit und Abruf.

Da gibt es viel Kluges zu lesen, auch Heiteres, wie beispielsweise bei Henry Miller: „Leben ist, was uns zustößt, während wir uns etwas ganz anderes vorgenommen haben." Aber auch Bitteres, wie in „Macbeth": „Was ist Leben? Ein Schatten, der vorüberstreicht."

Für Sie, liebe Freundin, fand ich bei dem Schriftsteller Hans Carossa eine Bemerkung, die nur auf den ersten Blick gnadenlos klingt, deren versteckte Botschaft sich aber entschlüsseln lässt, und dann findet man eine wunderbare Anleitung zu einem Gefühl, mit dem man sich im Leben sehr gut einrichten kann.

Für mich gehört dieser folgende Satz zu den Perlen der Weisheit: „Leben ist eine Zusammenkunft, zu der immer nur eine begrenzte Zahl auf einmal geladen ist, und nie wird die Einladung wiederholt." Diesen Satz muss man sich einmal, wie mein bester Berliner Freund gerne sagt, „auf der Zunge zergehen lassen". Er ist wie ein Röntgenstrahl, mit dem wir unser Innerstes abtasten können. Und er ist ein Weckruf, wenn wir jetzt das neue Jahr aufstoßen, das jungfräulich vor uns liegt. Denn in diesem Satz gibt es ein Schlüsselwort. Es lautet: *Einladung.*

Das heißt: Ich bin in dieses Leben eingeladen, ich muss mich benehmen wie ein Gast, rücksichtsvoll, dankbar. Nicht großspurig, nicht gierig; ich darf auch mit Worten niemanden verletzen, der zu der begrenzten Zahl von Erdenbürgern gehört, die gerade mit mir auf der oft auch sehr beschwerlichen Lebensreise unterwegs sind.

Und das Wichtigste: Die Einladung wird nicht wiederholt!

Wir sind, wie der französische Naturwissenschaftler und Nobelpreisträger Jacques Monod vor einem halben Jahrhundert schrieb, am Tag unserer Geburt als „Treffer aus der Lotterie des Lebens" hervorgegangen; wir gehören zu den Siegern, die das Glück haben, zu leben, „einfach nur zu leben". Und das auf diesem blauen Planeten, von dem die Raumfahrer aus dem All berichten, dass er von einer leuchtenden Schönheit ist, überirdisch schwebend in einem Universum, das schweigt.

Es klingt angesichts eines solchen dramatischen Befundes unbeholfen, aber es ist die Wahrheit: Es sind nicht die großen, es sind eher die sogenannten „kleinen Dinge", die das Leben lebenswert machen, ja oft sogar verzaubern: das Lächeln eines Menschen, den wir lieben; der erste Schritt durch die Dünen ans Meer nach einem langen Winter; die hilfreiche Hand eines Menschen, wenn wir gestürzt sind; der unerwartete Brief eines Freundes; der Morgen, an dem man nach langer Krankheit ohne Schmerzen fieberfrei aufwacht; die Geste, mit der ein Fremder dich in eine Parklücke schleust; der kleine Blumenstrauß, den dir eine Kollegin bei der Rückkehr aus dem Urlaub auf den Schreibtisch gestellt hat, einfach nur so – ja, das ist diese Melodie, die unserer Seele gut tut.

Es kann kein Zufall sein, es kann nicht nur an diesen festlichen Tagen zum Jahreswechsel liegen, es muss etwas mit unseren Seelen zu tun haben. Und es hat sie alle ergriffen: Die Jungen und die Alten, die Reichen und die weniger Reichen, die Kranken und die Gesunden, ich hörte es von jedem, immer ein bisschen anders ausgedrückt, aber in Wahrheit gibt es doch allüberall: dieses große Wehklagen über die „dahineilende Zeit".

Haben wir nicht das Gefühl, dass wir doch „erst gestern" die Neujahrskarten schrieben, und dabei ist inzwischen ein Jahr vergangen? Wann war das letzte Zusammentreffen mit einem Freund? Es war nicht vor drei, es war vor sechs Jahren. Die alte Dame, an deren sanfte Hilfsbereitschaft wir uns erinnern, hat uns schon vor zehn Jahren verlassen – uns ist, als sei die Todesanzeige „erst kürzlich" in der Zeitung erschienen.

Wir halten plötzlich betroffen inne, und wir bleiben stehen wie ein Spaziergänger, dem etwas ganz Wichtiges eingefallen ist, und wir möchten – wie einst der Dichter –, dass „der Augenblick verweilt". Wir würden gern ein Stück unseres Kontos plündern, könnten wir die Zeit dehnen, strecken, ihren schnellen Lauf abbremsen. Am liebsten würden wir die Uhr einfach anhalten, uns in ihre Zeiger werfen, die mit ihrem monotonen Rundlauf nur vortäuschen, dass es morgen ja wieder diese mittägliche Stunde gibt wie heute – und dabei ist es doch dann eine ganz andere Stunde! Ja, der Prediger hat schon Recht, der uns daran erinnert, dass die Uhr eine feinsinnige Täuschung ist und dass die Zeit eher einem langen Korridor gleicht, den man entlangeilt, wobei jeder Tag eine Tür ist, die man abends zuschlägt – und diese Türen haben den Griff nur an einer Seite: Man kann sie nicht mehr öffnen!

Wie aber kommt es, dass wir – mehr als je zuvor – unter der dahinstürmenden Zeit leiden? Dieser Rohstoff ist doch nicht knapper geworden, da doch unser Leben im statistischen Durchschnitt länger währt? Ist unser Appetit auf das Leben vergrößert? Packen wir zu viel hinein, oder anders gefragt: Packt man uns zu viel hinein?

Sicher, wenn wir zurückblicken, dann erschaudern wir nochmals unter den Keulenschlägen, die wir, oft nebeneinander, ertragen mussten: die Terrorakte, die Geiselnahmen, die Weltkrisen, die düsteren Wirtschaftsprognosen, die Katastrophen, in denen sich eine kranke Erde unter Schmerzen aufbäumt. Auch wenn wir nicht direkt dabei waren, so kann doch keiner sagen, dass wir nicht in unseren Seelen betroffen waren. Der Eintrittspreis für die Horrorschau des Lebens ist die dauernde Hergabe von Gefühlen aller Art, aber Mitleiden und Mitfreuen sind nicht beliebig vermehrbar.

Mit anderen Worten: Auf der einen Seite haben wir die Zeit – sie ist nicht veränderbar, nicht zu manipulieren, nicht zu kaufen, zu verteilen, zu verschenken –, und auf der anderen Seite haben wir ein ungeheures Lebenstempo: dabei sein, mitmachen, mithören, mitreden, mitmischen! Und das alles zwingt uns, immer häufiger auszuwählen, vieles zu versäumen, was wir „eigentlich" auch noch mitnehmen könnten.

Und so stehen wir Kinder des Wohlstands in diesem Leben wie in einem Supermarkt, wo in den Regalen all die schönen aufregenden Dinge liegen, von denen uns die Werbung sagt, dass wir sie uns nur „zu holen" brauchen.

Aber dann kommt noch eine Bürde: Wir müssen an der Kasse vorbei und zahlen! Und dort bezahlt man nicht mit Geld, nicht mit Öl, nicht mit Naturalien – dort bezahlt man mit Zeit! Wir bezahlen in Wahrheit immer mit dem Kostbarsten! Wir zahlen mit dem Besten, was wir haben.

Und weil wir das plötzlich alle dramatisch spüren, sagen wir nicht leichthin wie unsere Großeltern: „Kinder, wie die Zeit vergeht." Wir sagen es ernster, trauriger, wir klagen über die „dahineilende Zeit", als sei sie selbst schon eine Krankheit geworden.

Denken Sie also daran, liebe Freundin: Die Einladung, Gast auf diesem schönen Stern zu sein, wird nicht wiederholt, die Lotterie des Lebens ist geschlossen, die Lose wurden verteilt und Sie haben gewonnen! Machen Sie das Beste daraus. Und verschenken Sie keinen Tag, nicht einen einzigen!

PETER BACHÉR

Ein herrlicher Tag

Wenn man morgens in der Küche sitzt und das Erste, was man hört, ist das leise röchelnde Schimpfen der Kaffeemaschine, wie sie verzweifelt mit letzter Kraft versucht, doch nochmal eine Kanne Kaffee fertig zu kriegen.

«Aaaarrhhh … ich kann nicht mehr, brrrhhh … na gut, nochmal 'nen Schwung heißes Wasser, bppffff … boarrhh, wie viel is' denn noch? Ooohh … ich bin zu alt für so was … brrrhhhh … … …»

Wenn man sie sich so quälen sieht, aber gleichzeitig an dem klaren, heißen Wasser in der Kanne erkennt, dass man offensichtlich vergessen hat, das Pulver in die Maschine zu füllen. All ihr Tun und Quälen also letztlich völlig sinnlos ist. Man sich gleichzeitig aber auch nicht in der Lage sieht, die zwei Schritte zur Maschine zu gehen, um diesem nutzlosen Kampf ein Ende zu bereiten.

Und wenn man dann in die Ecke schaut. Die Ecke, in der man seit Monaten alle drei, vier Tage Spinnweben gefegt hat. Aber plötzlich sind da keine Spinnweben. Und das, obwohl man sie seit über einer Woche nicht mehr gefegt hat. Und dann sieht man ein Stückchen weiter die Spinne sitzen. Antriebslos, apathisch und desillusioniert. Weil sie einfach keine Lust mehr hat. Immer und immer wieder ein neues Netz zu spinnen. Ein neues Netz, das dann doch nur wieder weggefegt wird. Und man fragt sich: Gibt es einen traurigeren Anblick als eine verbitterte, depressive Spinne in der Küche?

Und dann fühlt man sich dieser Spinne und der Kaffeemaschine plötzlich sehr nahe.

Und weil man sich ihnen so nahe fühlt, wird man später einfach das heiße Wasser mit etwas Milch trinken. Und dann wird man den Besen holen, ein paar alte Spinnweben aus den Borsten zupfen und sie so gut es geht wieder in der Ecke drapieren, um die Spinne ein wenig aufzumuntern.

Und plötzlich lächelt man, weil man auf einmal spürt, da ist doch jemand, dem man helfen kann! Da ist doch etwas, was man tun kann! Und wenn's nur ist, dass man ein bisschen Dreck macht.

Und wenn man dann, kurze Zeit später, die Spinne wieder ein neues Netz, noch größeres Netz spinnen sieht. Dann weiß man: Alles wird gut. Es wird doch ein herrlicher Tag.

HORST EVERS

119

Freude ist das Leben
durch einen Sonnenstrahl
hindurch gesehen.

CARMEN SYLVA

Sommerfrische

Zupf dir ein Wölkchen aus dem Wolkenweiß,
das durch den sonnigen Himmel schreitet.
Und schmücke den Hut, der dich begleitet,
mit einem grünen Reis.

Verstecke dich faul in der Fülle der Gräser.
Weil's wohltut, weil's frommt.
Und bist du ein Mundharmonikabläser
und hast eine bei dir, dann spiel, was dir kommt.

Und lass deine Melodien lenken
von dem freigegebenen Wolkengezupf.
Vergiss dich. Es soll dein Denken
nicht weiter reichen als ein Grashüpferhupf.

JOACHIM RINGELNATZ

Erster Ferientag

Hinter Finkenwerder geht die Sonne auf. Zartgrüne Grasspitzen schimmern im frühen Licht. Weit drüben hinter den Schienen verklingt das Schnaufen der Lokomotive.

Diese Stille im Wald. Hast du je solchen Himmel gesehen? Stunden später liegt die Sonne prall auf der Landstraße. Weiße Meilensteine blitzen auf. Alle paar Minuten knirscht ein Leiterwagen durch den körnigen Sand, zerknattern eilige Motorräder den klaren Morgen. Braungebrannte Burschen kommen mit Karren und Gerät, weizenfarbenes Haar hängt ihnen in die feuchte Stirn. Sie alle haben Werktag heute. Harter Werktag, aus dem wir kommen und in den wir zurück müssen, wenn uns die paar freien Tage entlaufen sein werden.

Nicht daran denken. Noch liegen die Tage vor uns wie weite reife Felder vor der Ernte. Wir haben Zeit, wir zwei. Die Welt blüht, du hast mich lieb und ich bin gerade zwanzig. Die Stunden hinter uns haben noch nichts von dem bitteren Nachgeschmack des Gewesenen, es sind ja noch so viele da. Diese ersten Stunden. Schönste der Freuden: Vorfreude. Alles liegt noch so herrlich ungewiß vor uns,

Weg, Wandern, Ziel. Nur eines ist gewiß: wir sind frei. Und ich weiß mich neben dir, wenn meine Füße über knorrigen Waldboden stolpern, wenn sie sammetweiche Wiesen, den scharfen Kies glühender Straßen spüren.

Sieh dich doch um. Niemand. Birke, blauer See und wir.

Um Mittag ist der zarte Frühling zu einem kräftigen Sommer herangewachsen, der sich auf allen Feldern breitmacht. Staubige Chausseen glühen. Wegarbeiter halten Mittagspause. Nach siedendschwarzem Teer riecht es und würziger Erbsensuppe. Heiß dampft es in blauen Emailletöpfen, kühl schäumt das braune Bier aus den Flaschen. Blechlöffel klappern. Mahlzeit ...

Ab und zu gibt es mitten auf dem Weg guten Grund zum Stehenbleiben. Pst, ein Eichhorn. Weg ist es. Da, ein Segelboot an der Grenze zwischen tiefem Blau des Wassers und verwaschener Himmel-Bläue ... Sonst aber wird den beiden welligen Schatten da vorn, dem riesenlangen mit dem eckigen Rucksackbuckel und dem zappeligen kleinen mit wehendem Schopf gehorsam nachgefolgt. Und wenn dieses Türmchen da oben und jenes kleine Dorf da unten nahebesehen nicht das halten, was sie versprochen, so daß man einander enttäuscht ins Gesicht sieht, wie Spielkameraden, denen der bunte Ball ins Wasser gefallen ist, dann heißt es vorwärts, weiter, und die Füße wissen Bescheid. Bleiben die letzten Bauernhöfe mit Stachelzaun und bissigem Hund zurück, so grüßt hinter dem nächsten Strohdach schon der neue Wald, der neue See, der schweigend zwischen knochenhageren Fichten blaut.

Es ist so gleich, welcher Name auf dem Bahnhofsschild steht. Meilensteine haben überhaupt nichts zu sagen, und wenn es einem gerade so einfällt, könnte man glatt im Freien übernachten. – Falls es dem Mädchen nicht zu kalt wird. Aber das Mädchen ist ein halber Junge. Trotz des buntgeblümten Sommerfähnchens und trotz des lächerlichen Leinenbeutels, den die Kleine für einen Rucksack ausgibt. Zimperlich ist sie nicht. Stapft darauf los wie ein organisierter Pfadfinder in den winzigen Fünfunddreißigern mit Gummiabsatz und läßt sich diesen sogenannten Rucksack auch nicht einen Atemzug lang abnehmen, obgleich die schmalen Lederriemen über den Schultern einfach schneiden *müssen* …

Zuweilen aber vergißt sie all die guten Vorsätze und springt ab vom Weg, ein paar gelbe oder blaue Blüten auszurupfen. Natürlich welkt das Zeug hinterher in der prallen Sonne, aber das können ja die Weiber nun mal nicht lassen. Und wenn es sie wirklich so glückselig macht, dieses Gemüse, dann mag sie nur ruhig die halbe Pflanzenwelt der Mark Brandenburg ausrotten! Den dicken Landgendarm grüßt sie frech mit einem Riesenstrauß im Arm. Wenn sie mit raffiniertester Stadthöflichkeit um Auskunft bittet, gibt es allemal freundlichen Bescheid und endloses Nachstarren. Sieht wohl merkwürdig aus, der lange Hornbrillenmensch neben dem lütten Kindergesicht, wie? So ein bißchen nach

Verführung Minderjähriger mit fetter Schlagzeile im morgigen Lokalblättchen … Fünf Schritte weiter äußert die „Minderjährige" eine recht vernünftige Ansicht über ein neuerschienenes Werk, das sie mit fachmännisch begründenden Worten in Grund und Boden verdammt. Was sie jedoch nicht daran hindert, ein bißchen Theater zu spielen vor Leuten, die einem geradewegs in die Arme laufen. Sie kennt merkwürdige Persönlichkeiten, die unbedingt kopiert werden müssen. Ein Lustspiel-Professor leidet an einer drolligen Krankheit, von ihr die „Konjugieritis" benannt, „Na, zum Beispiel: ‚Bellinzona' – Ich bell in Zona, du bellst in Zona, er bellt in Zona. Oder ‚Magdeburg': Ich mach de Burg, du machst de Burg, er macht de Burg …" Und so weiter. – Ob Frösche wohl eine schwierige Grammatik haben?

„Weißt du, wann ich das letzte Mal so mit dem Rucksack in die Ferien gelaufen bin, warte mal, drei, vier, nein fünf Jahre – große Fahrt nach Thüringen. Mit anschließendem Klassenaufsatz. Damals habe ich noch den Gieseking angeschwärmt. Liebergott, … ist das her!"

Wie sie mit fünfzehn gewesen wäre? – Na, wie man da zu sein pflegt: innen schüchtern, außen frech. Reden wir nicht darüber.

Nach einem ernsthaften Gespräch gibt es einige Kilometer Schweigen. Dann aber fällt ein Stichwort: „Schulstreiche", und wieder ist sie das vor die Klassentür gestellte *enfant terrible*, das Unfug stiftet hinter geschlossener Tür. Sie macht das alles noch einmal durch, jenes längstvergessene

Mantelärmelzubinden, Mützenvertauschen, das Horchen am Konferenzzimmer auf dem mäuschenstillen Schulkorridor. Er, der riesenlange Schatten mit Hornbrille, lacht und sieht sie vor sich: das ungehorsame Schulkind, dem es zu langweilig geworden ist zwischen der großen Schuluhr und den ausgestopften Säugetieren in der Lehrmittel-Vitrine, das jetzt leise das Treppengeländer hinabrutscht und sich heimlich am Pedell-Fensterchen vorbeistiehlt …

Mittagsglut, die nicht weichen will. Die Schritte werden kleiner. Der Wind ist weit fort, hinter den Bäumen vielleicht. Die Vögel schlafen in der Müdigkeit dieses Sommertages.

„Du", sagt sie etwas schüchtern – beide Daumen hat sie schützend unter die kneifenden Rucksackriemen geschoben –, „ich kannte mal einen, der sagte, wenn es so heiß wurde wie jetzt: ‚So nun wird gerastet!'"

Das kann ihr werden. Auch ein Schluck aus der Himbeerflasche wird bewilligt: „Was hältst du von dem Wald da drüben?"

– „Mehr Gegend als Natur." Also weiter. Den kleinen Abhang links erklärt sie für eine „Entdeckung". Farnkraut gäbe es, Zittergras und einen Saum von echtestem Laubwald. Ein paar Eichen auf dem „Gipfel" bemühen sich, majestätisch auszusehen. Und die kleine Wiese mit rosa Kleeblüten. Und Laternenblumen, die sich auspusten lassen. Löwenzahn darf nicht gepflückt werden. Bekanntlich. Weil man davon blind wird. In der Ferne gelbe Äcker, braune Äcker, grüne Äcker, hohe Weizenfelder und – kein Aussichtsturm! Ganz versteckt rieselt ein winziges Wässerchen, das auf der Karte mindestens lebensgroß gezeichnet ist.

„Und von hier aus, meine sehr verehrten Herrschaften, sehen Sie das idyllisch gelegene …"

– Was habe ich? Keine Ehrfurcht vor der Natur?! Stimmt … Ich finde sie herrlich und habe sie lieb. Und hast du schon mal erlebt, daß man vor Leuten, die man liebhat, „Ehrfurcht" empfindet? – So. Leider nein? – Hör auf, alter Pauker, an dir ist ein Oberlehrer verlorengegangen, du solltest den ehrlichen Finder veranlassen, ihn gegen eine entsprechende Belohnung wieder abzugeben. Sieh mal da unten die ziegelrote kleine Kirche, steht das ganze Dörfchen nicht da wie frisch aus „Ankers Steinbaukasten"?

Das Mittagessen hat eine sonderbare Speisenfolge, nichtsdestoweniger: die Servietten hat sie nicht vergessen. Zum Nachtisch fördert sie mit großzügiger Geste eine Packung Mokka-Krokant, kläglich weichgeschmolzen, aus der Tiefe des „Rucksacks". Da aber ist für ihn die Stunde gekommen, sie mit einer Tüte luxuriöser Frühkirschen zu verblüffen.

Es geht einem verdammt gut, wenn man auf so einer richtigen Wiese lang daliegen kann, Arme unterm Kopf, Nase in die Luft. Man kann die Beine baumeln lassen und den wolkigen Profilen am Himmel Namen geben, das zerfetzte da oben rechts mit der Papageiennase sieht aus wie die intrigante Kollegin aus Abteilung III, wenn sie wütend wird.

„Die mit dem gefärbten Haar?"

– „Ja, die!"

Es geht einem verdammt gut, wenn man auf einer rich-

tigen Sommerwiese liegen darf, blauen Rauch in die Luft paffen und in engbeschriebenen Blättern kramen …
„Was liest du da? Mal sehen."

> Dieser Tag ist wie ein Blütenstrauß,
> Schönstes Phantasiegeschenk der Träume.
> Durch das Blätternetz erwachter Bäume
> Wirft der Himmel blaue Bänder aus …

„Von wem?" fragt sie schnell. „Hübsch!" – Und dann, etwas kriegerisch: „Was ich daran hübsch finde? – Ist doch nett gesagt: ‚Durch das Blätternetz' … oder wie das so geht – ‚wirft der Himmel blaue Bänder aus'. Findstu nich? Na, dann versuch du mal, das schöner zu sagen, Herr Nörgler. Wie bitte? Das ist von dir? Na, nun laß mich aber, bitte, mal ernst bleiben. Fang nur an, poetisch zu werden. Fehlte gerade noch."
– „Wenn ich gräßlich bin, kann ich ja gehen. Hast du eben das Eichhorn gesehn, klar war das ein Eichhorn!"
Dann gibt es Himbeerdrops und anschließend eine kleine Pause.
Himmel, Bäume, kleine Wolkenprofile, Gesurr zwischen den Halmen.
Sieh dir bloß mal den Himmel an!
„Mensch", sagt sie plötzlich, „Mensch, wenn du keinem was weitersagst, will ich dir was verraten: ich bin unverschämt glücklich.
Im Büro machen sie jetzt die Monatsstatistik, und ich liege

da und knabbere Grashalme an. Diesmal schreibe ich keinem von unterwegs. Pah! – Höchstens 'ne Ansichtskarte für meinen Chef. War doch anständig, mir die drei überzähligen Tage glatt hinzuzuschenken, wie?

Ich habe ausgerechnet, wenn wir die Zeit richtig nutzen, habe ich knapp 280 Stunden Urlaub. Allerhand, was? Die Nächte gar nicht mitgerechnet. Natürlich. Man schläft doch ganz anders ohne die Angst vor dem Wecker am Morgen."

– Spät ist es geworden. Unten im Dorfe geht der Abend langsam durch die Straßen und rastet in den kleinen Gärten vor kalkweißen Häuschen. Geranien flammen auf vor winzigen Fenstern im letzten Schein der Sonne. Groß leuchten die gelben Scheiben der Sonnenblumen hinterm Zaun. Ein weicher Wind führt den Duft von Sommer und reifenden Früchten durch die Luft und macht so müde.

Im Gasthof ist niemand. Nur die rundliche Magd in blauem Kattun zerreißt mit dem Klappern ihrer Holzpantoffeln die abendliche Stille. Die Milch im dicken Glas schmeckt kühl und echt. „Kuckuck" sagt eine altmodische Holzuhr an der Wand. Dann ist es wieder ruhig. Ab und zu fallen durch das geöffnete Fenster ein paar abgerissene Worte herein; Bauern sitzen mit der Pfeife auf der Bank vorm Haus.

Sagtest du etwas?

… Ein Tag ging vorbei. Der erste Tag. Vielleicht der schönste.

MASCHA KALÉKO

129

Im Auto über Land

An besonders schönen Tagen
ist der Himmel sozusagen
wie aus blauem Porzellan.
Und die Federwolken gleichen
weißen, zart getuschten Zeichen,
wie wir sie auf Schalen sahn.

Alle Welt fühlt sich gehoben,
blinzelt glücklich schräg nach oben
und bewundert die Natur.
Vater ruft, direkt verwegen:
„'n Wetter, glatt zum Eierlegen!"
(Na, er renommiert wohl nur.)

Und er steuert ohne Fehler
über Hügel und durch Täler.
Tante Paula wird es schlecht.
Doch die übrige Verwandtschaft
blickt begeistert in die Landschaft.
Und der Landschaft ist es recht.

Um den Kopf weht eine Brise
von besonnter Luft und Wiese,
dividiert durch viel Benzin.
Onkel Theobald berichtet,
was er alles sieht und sichtet.
Doch man sieht's auch ohne ihn.

Den Gesang nach Kräften pflegend
und sich rhythmisch fortbewegend
strömt die Menschheit durchs Revier.
Immer rascher jagt der Wagen.
Und wir hören Vatern sagen:
„Dauernd Wald, und nirgends Bier."

Aber schließlich hilft sein Suchen.
Er kriegt Bier. Wir kriegen Kuchen.
Und das Auto ruht sich aus.
Tante schimpft auf die Gehälter.
Und allmählich wird es kälter.
Und dann fahren wir nach Haus.

ERICH KÄSTNER

Inseln der Seligkeit

Wenn man durch die Straßen einer Großstadt geht und den Menschen, die einem entgegenkommen, in die Gesichter schaut, muss man zum Schluss kommen, dass das Leben eine harte, lustlose, unerfreuliche, kummervolle Sache sei. Die Mundwinkel hängen traurig, die Sorgenfalten furchen die Stirnen, die Nasen sind pflasterweise gerümpft, kaum ein Lächeln, kaum ein heiter blitzendes Augenpaar ist zu sichten. Aber es gibt auch in jeder Großstadt Inseln der Glückseligkeit! Straßenecken, an denen man nur glückliche Gesichter sehen kann, Gesichter mit sanft leuchtenden Augen, die einen zutiefst nach innen gekehrten Ausdruck haben! Diese Inseln der Seligkeit im bitteren Großstadtleben befinden sich dort, wo ein Eissalon ist, und die Träger des glückseligen Gesichtsausdrucks sind die Eisschlecker! Jedes Mal, wenn ich an einem Eissalon vorbeikomme, erfreue ich mich am Anblick der verklärten Stanitzlträger. Jeglicher Harm, aller Stress ist aus ihren Gesichtern gewichen. Sogar der dicke Mann mit den tätowierten Armen, den – ohne Eistüte – jeder Filmregisseur vom Fleck weg als brutalen Unterweltler engagieren würde, schaut – mit Eistüte – drein wie ein heiteres Unschuldslamm.

Ich habe schon Menschen gesehen, die mit verbitterter Miene Gänseleber mampften und verkniffenen Auges Kaviar in den Mund stopften, doch vergrämt dreinschauende Eisschlecker sah ich noch nie!

Eis ist eben keine Nahrung, Eis ist nicht einmal ein Dessert. Eis ist eine Belohnung!

Eis bekam man als Kind, wenn man brav war. Und wenn man nicht ganz brav war und trotzdem ein Eis bekam, dann konnte man sicher sein, dass einen Mama und Papa sehr lieb hatten.

Nun ist man groß und erwachsen und belohnt sich, weil das sonst so selten wer tut, mit einem Eis. Und hat sich, weil die andern das nur unzureichend tun, selbst sehr lieb. Man wird auf Stanitzldauer wieder zum glücklichen Kind und darf ein Kindergesicht aufsetzen.

Da aber Kindsein seine Tücken haben kann, ist auch des Eisschleckers Glück nicht immer ein ungetrübtes. Den Dr. Huber, zum Beispiel, den bringt kein Schicksalsschlag aus der Ruhe. Der behielt sogar seinen „coolen" Blick, als er vom Seitensprung seiner Ehefrau erfuhr. Der zuckte mit keinem Mundwinkel, als seine Aktien rapide fielen! Als ihm aber gestern, gleich nach Verlassen des Eissalons, die Himbeereiskugel vom Stanitzl kippte und aufs Pflaster platschte, da spiegelte sein Antlitz schieres Unglück wider und maßlose Verzweiflung. Und eine uralte, nicht geweinte Kinderträne kullerte aus seinem linken Auge.

CHRISTINE NÖSTLINGER

Dichtung und Wahrheit

Ich war im Wirtshaus „Zum Geist" abgestiegen und eilte
sogleich, das sehnlichste Verlangen zu befriedigen und
mich dem Münster zu nähern, welches durch Mitreisen-
de mir schon lange gezeigt und eine ganze Strecke her im
Auge geblieben war. Als ich nun erst durch die schmale
Gasse diesen Koloss gewahrte, sodann aber auf dem freilich
sehr engen Platz allzu nah vor ihm stand, machte derselbe
auf mich einen Eindruck ganz eigner Art, den ich aber auf

der Stelle zu entwickeln unfähig, für diesmal nur dunkel mit mir nahm, indem ich das Gebäude eilig bestieg, um nicht den schönen Augenblick einer hohen und heitern Sonne zu versäumen, welche mir das weite, reiche Land auf einmal offenbaren sollte.

Und so sah ich denn von der Plattform die schöne Gegend vor mir, in welcher ich eine Zeitlang wohnen und hausen durfte: die ansehnliche Stadt, die weitumherliegenden, mit herrlichen dichten Bäumen besetzten und durchflochtenen Auen, diesen auffallenden Reichtum der Vegetation, der, dem Laufe des Rheins folgend, die Ufer, Inseln und Werder bezeichnet. Nicht weniger mit mannigfaltigem Grün geschmückt ist der von Süden herab sich ziehende flache Grund, welchen die Iller bewässert; selbst westwärts, nach dem Gebirge zu, finden sich manche Niederungen, die einen ebenso reizenden Anblick von Wald und Wiesenwuchs gewähren, so wie der nördliche mehrhügelige Teil von unendlichen kleinen Bächen durchschnitten ist, die überall ein schnelles Wachstum begünstigen. Denkt man sich nun zwischen diesen üppig ausgestreckten Matten, zwischen diesen fröhlich ausgesäten Hainen alles zum Fruchtbau schickliche Land trefflich bearbeitet, grünend und reifend, und die besten und reichsten Stellen desselben durch Dörfer und Meierhöfe bezeichnet und eine solche große und unübersehliche, wie ein neues Paradies für den Menschen recht vorbereitete Fläche näher und ferner von teils angebauten, teils waldbewachsenen Bergen begrenzt, so wird man das Entzücken begreifen, mit dem ich mein Schicksal segnete, das mir für einige Zeit einen so schönen Wohnplatz bestimmt hatte.

Ein solcher frischer Anblick in ein neues Land, in welchem wir uns eine Zeitlang aufhalten sollen, hat noch das Eigne, so Angenehme als Ahndungsvolle, dass das Ganze wie eine unbeschriebene Tafel vor uns liegt. Noch sind keine Leiden und Freuden, die sich auf uns beziehen, darauf verzeichnet: Diese heitere, bunte, belebte Fläche ist noch stumm für uns, das Auge haftet nur an den Gegenständen, insofern sie an und für sich bedeutend sind, und noch haben weder Neigung noch Leidenschaft diese oder jene Stelle besonders herauszuheben; aber eine Ahnung dessen, was kommen wird, beunruhigt schon das junge Herz, und ein unbefriedigtes Bedürfnis fordert im Stillen dasjenige, was kommen soll und mag, und welche auf alle Fälle, es sei nun Wohl oder Weh, unmerklich den Charakter der Gegend, in der wir uns befinden, annehmen wird.

Herabgestiegen von der Höhe, verweilte ich noch eine Zeitlang vor dem Angesicht des ehrwürdigen Gebäudes; aber was ich mir weder das erste Mal noch in der nächsten Zeit ganz deutlich machen konnte, war, dass ich dieses Wunderwerk als ein Ungeheures gewahrte, das mich hätte erschrecken müssen, wenn es mir nicht zugleich als ein Geregeltes fasslich und als ein Ausgearbeitetes sogar angenehm vorgekommen wäre. Ich beschäftigte mich jedoch keineswegs, diesem Widerspruch nachzudenken, sondern ließ ein so erstaunliches Denkmal durch seine Gegenwart ruhig auf mich fortwirken. Ich bezog ein kleines, aber wohlgelegenes und anmutiges Quartier an der Sommerseite des Fischmarkts, einer schönen langen Straße, wo immerwährende Bewegung jedem unbeschäftigten Augenblick zu Hilfe kam. [...]

Ich weiß zwar recht gut, dass gegen das brave und hoffnungsreiche altdeutsche Wort „Was einer in der Jugend wünscht, hat er im Alter genug!" manche umgekehrte Erfahrung anzuführen, manches daran zu deuteln sein möchte; aber auch viel Günstiges spricht dafür, und ich erkläre, was ich dabei denke.

Unsere Wünsche sind Vorgefühle der Fähigkeiten, die in uns liegen, Vorboten desjenigen, was wir zu leisten imstande sein werden. Was wir können und möchten, stellt sich unsere Einbildungskraft außer uns und in der Zukunft dar; wir fühlen eine Sehnsucht nach dem, was wir schon im Stillen besitzen. So verwandelt ein leidenschaftliches Vorausergreifen das wahrhaft Mögliche in ein erträumtes Wirkliche.

Liegt nun eine solche Richtung entschieden in unserer Natur, so wird mit jedem Schritt unserer Entwicklung ein Teil des ersten Wunsches erfüllt, bei günstigen Umständen auf dem geraden Wege, bei ungünstigen auf dem Umwege, von dem wir immer wieder nach jenem einlenken. So sieht man Menschen durch Beharrlichkeit zu irdischen Gütern gelangen, sie umgeben sich mit Reichtum, Glanz und äußerer Ehre. Andere streben noch sicherer nach geistigen Vorteilen, erwerben sich eine klare Übersicht der Dinge, eine Beruhigung des Gemüts und eine Sicherheit für die Gegenwart und Zukunft.

Nun gibt es aber eine dritte Richtung, die aus beiden gemischt ist und deren Erfolg am sichersten gelingen muss. Wenn nämlich die Jugend des Menschen in eine prägnante Zeit trifft, wo das Hervorbringen das Zerstören überwiegt und in ihm das Vorgefühl beizeiten erwacht, was eine solche Epoche fordre und verspreche, so wird er, durch äußere Anlässe zu tätiger Teilnahme gedrängt, bald da, bald dorthin greifen, und der Wunsch, nach vielen Zeiten wirksam zu sein, wird in ihm lebendig werden. Nun gesellen sich aber zur menschlichen Beschränktheit noch so viele zufällige Hindernisse, dass hier ein Begonnenes liegen bleibt, dort ein Ergriffenes aus der Hand fällt und ein Wunsch nach dem andern sich verzettelt. Waren aber diese Wünsche aus einem reinen Herzen entsprungen, dem Bedürfnis der Zeit gemäß, so darf man ruhig rechts und links liegen und fallen lassen und kann versichert sein, dass nicht allein dieses wieder aufgefunden und aufgehoben werden muss, sondern dass auch noch gar manches Verwandte, das man nie berührt, ja woran man nie gedacht hat, zum Vorschein kommen werde. Sehen wir nun während unseres Lebensganges dasjenige von andern geleistet, wozu wir selbst früher einen Beruf fühlten, ihn aber, mit manchem andern, aufgeben mussten, dann tritt das schöne Gefühl ein, dass die Menschheit zusammen erst der wahre Mensch ist und dass der Einzelne nur froh und glücklich sein kann, wenn er den Mut hat, sich im Ganzen zu fühlen.

JOHANN WOLFGANG GOETHE

Sommergarten

Welch strahlende Lebensfreude, welch stürmisches Drängen atmet ein früher Sommermorgen! Noch funkeln die Tautropfen in allen Regenbogenfarben im Gras, noch strahlen die Mauern die Kühle der Nacht aus, schon erheben sich die Falter und taumeln von Blüte zu Blüte, schon summen die Bienen und zwitschern die Vögel im Laub. Immer heißer scheint die Sonne, und die Blumen und Blätter trinken ihr Licht wie einen köstlichen Trank, der sich in ihnen verwandelt in Lebensfeuer und Kraft. Auch auf die noch geschlossenen Blüten strahlt die Sonne immer heißer herab, und es ist, als wolle sie sie auffordern, nicht länger zu warten mit dem Blühen. Da zögern diese noch eine Weile, weil es so schön dämmrig ist in ihrem Haus und so still, und weil man nicht wissen kann, was geschieht in der wilden lärmenden Welt. Aber bald werden auch sie von großer Unruhe erfasst. Ihre Kelchblätter bedrängen und drücken sie, ihre Blütenblätter breiten sich aus und bilden einen leuchtenden Kelch. Von Goldstaub bedeckt, richten sich die Staubgefäße auf und umringen den schlanken Stempel, der den Fruchtknoten trägt. Jetzt steht die Blüte offen, der heiße Sommerwind umweht sie und über ihr ist der tiefblaue Himmel und die Sonne wie ein goldenes Schild.

Einen Augenblick lang bleibt die Blume ganz still. Dann aber ist es für immer vorbei mit ihrer Ruhe. Denn jetzt kommen die geflügelten Tiere zu ihr, die einst wie sie selbst in der dunklen Erde waren und nun verwandelt sind in Geschöpfe des Lichts. Die schwarzen Hummeln kommen, die goldenen Bienen und die strahlenden Falter, und, von einem dunklen Mal angelockt, finden sie den Honigsee in der Tiefe der Blüte.

Während aber die bunten Falter über sie hinwegschweben und mit ihrem langen Rüssel nur ein wenig von dem Honig naschen, lassen sich die Bienen und Hummeln auf ihr nieder, so wild und heftig, dass ihr Stiel zu schwanken beginnt und ihre Blätter erbeben. Sie dringen in die Tiefe des Kelches, und von ihrem Summen ertönt die Blüte wie eine dumpfe Trommel. Von ihren Staubfäden fällt der Goldstaub, und sie zittert wie ein Halm im Sturm. Vielleicht ist dies alles sehr erschreckend für die schöne junge Blume, und vielleicht hat sie einen Augenblick lang das Gefühl, als möchte sie ihre Blüte schließen und zurückkehren in die Dunkelheit und Stille. Aber das tut sie nicht. Denn wenn auch ihre Wurzeln und ihre Stengel der dunklen Erde angehören, so ist doch ihre Blüte ein Teil des strahlenden Lichts, gerade wie die bunten Falter und die goldenen Bienen. Solange die Sonne am Himmel steht, wird sie sich immer weiter auftun und niemals glücklicher und schöner sein als zu dieser Zeit. Sie wird ihre wilden Gäste mit ihrem Blütenstaub überschütten, und diese werden ihr den Staub anderer ferner Blüten bringen, dessen sie bedarf, um ihre Frucht zu bilden.

MARIE LUISE KASCHNITZ

Begeistere dich
für das Leben.
Das bloße Gefühl,
zu leben, ist
Freude genug.

EMILY DICKINSON

Achtzehn Kilometer vor der Stadt

Auf dem Bahnsteig drängten sich die Ausflügler. Es war der letzte Zug in die Hauptstadt zurück. Alles, was vor zwei Tagen ausgeflogen war, die Feiertage im Grünen zu verleben, strömte jetzt in die Stadt zurück. Viele hatten ihren Wagen daheim gelassen, dem Feiertagsverkehr aus dem Weg zu gehen. Verstopfte Straßen und lange Kolonnen sind nicht jedermanns Geschmack. Mit dem Zug fährt man an den Feiertagen schneller und billiger. Aber da so viele Menschen so dachten, kam der letzte Zug schon so besetzt an, daß er die Wartenden kaum aufzunehmen vermochte. Die Menschen drängten in die Abteile. „Besetzt!" rief man ihnen böse zu. Aber hätten sie sich danach gerichtet, wären sie niemals mitgekommen, und so drängte man mit

Schirmen, Rucksäcken, Koffern und Blumensträußen in
die Türen, stieg sich gegenseitig auf die Zehen, rammte dem
anderen den Koffer hinein und reichte die Kinder über die
Köpfe hinweg – es war ein gewaltiges gewaltsames Durch-
einander, daß von der am Morgen gehörten Sonntagspre-

digt von der Liebe zum lieben Nächsten nicht viel übrigblieb.

Der Zug fuhr ab. Alle Menschen waren mitgekommen. Nur ein junges Mädchen stand noch am Bahnsteig. Und einen Waggon weiter ein junger Mann.

Der junge Mann blieb stehen und wartete, bis das Mädchen an ihm vorbeikam. „Haben Sie jemanden zum Zug gebracht?" fragte er.

„Leider nein. Ich selbst wollte –"

„Und Sie sind nicht mitgekommen? Da geht es Ihnen so wie mir. Es war der letzte Zug. Was werden Sie tun?"

„Ich weiß es noch nicht. Und Sie?"

„Es sind achtzehn Kilometer bis zur Stadt."

„Wie wäre es, wenn wir uns zusammen eine Autotaxe nehmen? Zu zweit, wenn wir uns die Kosten teilen –"

Der junge Mann schaute ein wenig verlegen auf den Boden. „Gern. Wenn Sie inzwischen meinen Teil auslegen könnten. Ich würde Ihnen das Geld in der Stadt sofort zurückgeben."

Das junge Mädchen lachte: „Dasselbe wollte ich Sie gerade bitten. Ich habe nur noch die Rückfahrkarte, die mir jetzt nichts nützt, und genau fünf Mark fünfzig im Portemonnaie."

„Da bin ich besser dran", sagte der junge Mann, „ich habe wenigstens noch neun Mark in der Tasche …"

Da lachten sie beide, und er sagte: „Gestatten Sie – Peter Maier."

Und sie: „Ich heiße Annemarie."

Da standen also Peter und Annemarie am Bahnhof der kleinen Stadt, achtzehn Kilometer von daheim. Der letzte Zug war ohne sie abgefahren, und für ein Taxi reichte ihnen das Geld nicht.

„Ja, dann werde ich wohl zu Fuß gehen müssen", sagte Peter. „Darf ich Sie vorher noch irgendwohin bringen? Haben Sie hier Verwandte?"

„Nein", antwortete Annemarie, „weder Bekannte noch Verwandte."

„Dann vielleicht in ein Hotel. Wenn Sie wollen, leihe ich Ihnen gern meine neun Mark. Oder wollen Sie auf den Frühzug im Wartesaal warten?"

Annemarie schien zu überlegen, was sie tun sollte.

„Hätten Sie etwas dagegen, wenn ich mit Ihnen gehe?", fragte sie dann.

„Es sind achtzehn Kilometer."

„Ich bin gut zu Fuß."

„Gern, wenn Sie wollen", sagte Peter.

Mehr sagte er nicht.

Er sagte überhaupt nichts in der ersten Zeit, als sie die Landstraße nebeneinander durch die Nacht wanderten. Rechts begleitete sie ein Bach, und der Vollmond glitzerte darin. Scheinwerfer von entgegenkommenden Autos blendeten sie, aber es waren nur wenige, die aus der Stadt kamen. Die anderen, die heimfuhren und sie überholten, kamen in rascher Folge.

„Sollten wir nicht einen Wagen anhalten?", fragte Peter.

„Nein. Warum? Sind Sie müde?"

„Ich sorge mich um Sie, Annemarie."

„Ist es noch weit?"

„Wir haben noch nicht ein Drittel hinter uns."

„Eigentlich unverschämt von der Eisenbahn! Sollen sie nicht mehr Fahrkarten verkaufen, als sie Plätze in ihren Zügen haben. Was machen Sie denn beruflich, Peter?"

„Ich bin bei der Bahn. Ich kümmere mich, daß Fahrkarten verkauft werden."

„Dann geschieht es Ihnen ganz recht, daß Sie jetzt laufen müssen." Sie lachte.

„Ich beklage mich ja auch nicht, im Gegenteil, eine helle Nacht, der Bach, die Bäume, der Mond und neben mir eines der hübschesten Mädchen, das ich je gesehen habe."

„Es ist dunkel, und Sie sehen mich nicht."

„Am Bahnsteig war es hell. Ich habe Sie schon gesehen, als der Zug einfuhr. Und auch dann, von weitem, als Sie ein Abteil suchten."

War es ein Vorwurf? Es klang nicht so, als Annemarie sagte: „Wenn Sie nach jungen Mädchen schauen müssen, dann haben Sie natürlich keinen Platz finden können."

„Ich hatte einen Platz. Sogar einen Sitzplatz. Ich kam schon mit dem Zug. Ich bin nicht eingestiegen, wo ich Sie traf."

„Nein??"

„Ich bin ausgestiegen, weil ich Sie sah."

Was sagt man als junges Mädchen zu so einer Erklärung? Bei einem so schönen Mond, wenn nebenan der Bach über die Kiesel springt?

„Ich bin verlobt", sagte das junge Mädchen.

„Ist er nett, der Bräutigam?"

„Überaus nett."

„Und wo weilte er über das Wochenende?"

„Daheim. Er hat sich den Fuß gebrochen."

„Aha! Und Sie lieben ihn so, daß Sie über die Feiertage weggefahren sind und ihn allein gelassen haben?"

Annemarie sagte: „Wollen wir nicht lieber wieder schweigen?"

„Ich habe eine Freude für Sie. Da – Kilometerstein 10."

„Das sind noch zwei Stunden zu Fuß."

„Wir gehen nur noch fünfundzwanzig Minuten."

„Zaubern Sie dann eine Traumkarosse herbei?"

„Ja", sagte Peter, „die Straßenbahn. Wir haben die Straßenbahn völlig vergessen. Sie fährt bis ein Uhr nachts. Wir haben also nur noch einen kurzen Weg und eine gute Stunde Zeit. Wollen wir uns hier ein wenig ausruhen?"

Sie sahen eine Bank vor einem Haus. Die Hausbewohner waren längst schlafen gegangen. Oder sie waren auswärts, es brannte kein Licht in den Fenstern.

„Wie ist die Sache mit Ihrem Bräutigam?", fragte Peter, als sie saßen.

„Ich habe geschwindelt."

„Man sieht einem Mädchen an, ob es verlobt ist."

„Sie haben es gewußt?"

„Von Anfang an. Sie haben so bezaubernd unverlobt ausgesehen. Haben Sie überhaupt schon öfter geküßt?"

„Nein. Natürlich nicht."

„Gar so natürlich ist das wieder nicht", sagte Peter, „wenn man so aussieht, wie Sie aussehen …"

„Wie sehe ich aus?"

„Zum Küssen."

Als sie in die Vorstadt der großen Stadt kamen und unter den Laternen eine Straßenbahn stehen sahen, sagte Peter: „Püh! Eine Straßenbahn! Wer braucht eine Straßenbahn?" Annemarie rief entsetzt: „Du willst weiter zu Fuß?"

„Dort drüben steht eine Taxe. Die nehmen wir uns."

„Mit deinen neun Mark?"

„Hier habe ich geschwindelt", sagte Peter. „Ich hatte genug Geld bei mir, daß wir uns leicht einen Wagen hätten mieten können. Aber du gefielst mir. Du gefielst mir so gut, daß ich wissen wollte, wie du mit den Schwierigkeiten im

Leben fertig wirst oder ob du bist wie so viele, die man deswegen nicht heiraten kann. Deswegen schwindelte ich mit dem leeren Portemonnaie. Außerdem wären wir so in zehn Minuten in der Stadt gewesen, und ich wollte gern länger das Vergnügen haben. Jetzt bist du an der Reihe zu antworten. Laß dir Zeit!"

Annemarie ließ sich keine Zeit.

Sie sagte, so schnell sie nur zu sprechen vermochte:

„Auch ich wollte wissen, wie du mit den Schwierigkeiten im Leben fertig wirst oder ob du so ein Playboy bist, den man nicht heiraten kann. Deswegen bin ich mit zu Fuß ge-

gangen. Hier bitte – hätte das gereicht für einen Wagen?"
Sie öffnete ihre Handtasche, und da war ein halbes Monatsgehalt darin. Mehr wäre eigentlich nicht zu sagen. Denn schriebe hier der Autor, sie fielen sich um den Hals und küßten sich, so hätte er das schon viel früher schreiben müssen. Nämlich vor dem Haus ohne Licht in den Fenstern, als sie auf der Bank saßen. Aber etwas, was jetzt geschah, muss er doch schreiben.

„Wie gefällt dir eigentlich mein Name Maier?", fragte Peter.
„Wenn es dir recht ist, möchte ich gern in Zukunft so heißen", sagte Annemarie.

JO HANNS RÖSLER

Die Kunst der kleinen Schritte

Ich bitte nicht um Wunder und Visionen, Herr, sondern um Kraft für den Alltag. Lehre mich die Kunst der kleinen Schritte.

Mach mich griffsicher in der richtigen Zeiteinteilung, schenke mir das Fingerspitzengefühl, um herauszufinden, was erstrangig und was zweitrangig ist. Ich bitte um Kraft für Zucht und Maß, dass ich nicht durch das Leben rutsche, sondern den Tagesablauf vernünftig einteile, auf Lichtblicke und Höhepunkte achte und wenigstens hin und wieder Zeit finde für einen kulturellen Genuss.

Lass mich erkennen, dass Träume nicht weiterhelfen, weder über die Vergangenheit noch über die Zukunft. Hilf mir, das Nächste so gut wie möglich zu tun und die jetzige Stunde als die wichtigste zu erkennen.

Bewahre mich vor dem naiven Glauben, es müsste im Leben alles glattgehen. Schenke mir die nüchterne Erkenntnis, dass Schwierigkeiten, Niederlagen, Misserfolge, Rückschläge eine selbstverständliche Zugabe zum Leben sind, durch die wir wachsen und reifen.

Erinnere mich daran, dass das Herz oft gegen den Verstand streikt. Schick mir im rechten Augenblick jemanden, der Mut hat, mir die Wahrheit in Liebe zu sagen.

Ich möchte dich und die anderen immer aussprechen lassen. Die Wahrheit sagt man nicht sich selbst, sie wird einem gesagt.

Du weißt, wie sehr wir der Freundschaft bedürfen. Gib,

dass ich diesem schönsten, schwierigsten und zartesten Geschenk des Lebens gewachsen bin.

Verleihe mir die nötige Fantasie, im rechten Augenblick ein Päckchen Güte mit oder ohne Worte an der richtigen Stelle abzugeben.

Mach aus mir einen Menschen, der einem Schiff mit Tiefgang gleicht, um auch die zu erreichen, die „unten" sind. Bewahre mich vor Angst, ich könnte das Leben versäumen. Gib mir nicht, was ich mir wünsche, sondern was ich brauche.

Lehre mich die Kunst der kleinen Schritte.

ANTOINE DE SAINT-EXUPÉRY

Quellen

Peter Bachér, Lebe jetzt – die wichtigste Einladung im Leben wird nicht wiederholt, aus: Peter Bachér, Lebe jetzt! © 2007, LangenMüller in der F.A. Herbig Verlagsbuchhandlung GmbH, München.

Doris Bewernitz: Vom Finden eines Gartens. aus: dies.; Wo die Seele aufblüht. © 2018 Verlag am Eschbach in der Verlagsgruppe Patmos der Schwabenverlag AG, www.verlag-am-eschbach.de ISBN 978-3-86917-603-1

Ajahn Brahm, Das Zwei-Finger-Lächeln. Textauszug aus: Ajahn Brahm, Die Kuh, die weinte. Buddhistische Geschichten über den Weg zum Glück. © 2006 Lotos Verlag, München, in der Penguin Random House Verlagsgruppe GmbH. Übersetzung: Martina Kempff.

Horst Evers, Ein herrlicher Tag. Auszug aus: Horst Evers, www.horst-evers.de © beim Autor.

Axel Hacke, Das Glück ist ein Regenschirm, aus: Axel Hacke, Das kolumnistische Manifest © Verlag Antje Kunstmann GmbH, München 2015.